そのまま使える

葬儀・法要あいさつ実例集

河野成美
Kawano Shigemi

JN183421

西東社

もくじ

3章 弔問側

葬儀・法要でのあいさつ

お悔やみ・弔辞・法要でのあいさつ …… 143〜211

付録 葬儀・法要に必要な手紙

葬儀・法要の流れと必要なあいさつ

葬儀や法要の進行は、葬儀社や宗教者に任せられることが多いですが、おおよその流れを知っておくと、あいさつのタイミングもつかみやすくなります。あいさつの文例は⬇のページにあります。

（式次第はあくまで一例です。地域や宗派によって異なります）

【仏式の流れ】

危篤

◆立会い

- 喪 危篤の連絡 ⬇P18

臨終〜納棺

◆臨終

- ▼末期の水
- ▼湯灌

◆遺体の安置

- ▼まくら飾り

◆納棺

- 喪 死去の連絡 ⬇P20
- 喪 葬儀案内状 ⬇P212
- 喪 死亡通知状 ⬇P213
- 弔 お悔やみ状 ⬇P220

葬儀・告別式〜納骨迎え

※P11上段より続き

- ▼弔辞・弔電披露
- 弔 弔辞を読む ⬇P164
- ▼焼香 ⬇P150
- ▼閉式の辞
- 喪 喪主のあいさつ ⬇P67
- 喪 喪主代理のあいさつ ⬇P86
- 喪 葬儀委員長のあいさつ ⬇P95
- 喪 会葬礼状 ⬇P214

◆出棺

◆火葬

◆還骨法要

◆精進落とし

- 喪 開会時のあいさつ ⬇P101
- 喪 閉会時のあいさつ ⬇P110

喪 喪家側　弔 弔問側

通夜

◆通夜
- 弔 お悔やみの言葉 ➡P153
- 喪 お悔やみへの返礼 ➡P26
- ▼一同着席
- ▼僧侶読経
- ▼焼香 ➡P150
- 喪 喪主のあいさつ ➡P35
- 喪 喪主代理のあいさつ ➡P50
- 喪 葬儀委員長のあいさつ ➡P57

◆通夜ぶるまい
- 喪 終了時のあいさつ ➡P60

葬儀・告別式～納骨迎え

◆葬儀・告別式
- 弔 お悔やみの言葉 ➡P153
- 喪 お悔やみへの返礼 ➡P26
- ▼一同着席
- ▼僧侶入場
- ▼開式の辞
- ▼僧侶読経

※P10下段へ続く

葬儀翌日～

◆あいさつ回り
- 喪 宗教者や世話役などへのあいさつ ➡P114
- 喪 年賀欠礼状 ➡P216

初七日～年忌法要

◆初七日法要
- 喪 施主のあいさつ ➡P123

◆四十九日法要
- 喪 施主のあいさつ ➡P128
- 弔 弔問側のあいさつ ➡P204

◆香典返しの送付
- 喪 忌明けのあいさつ状 ➡P215

◆年忌法要
- 喪 施主のあいさつ ➡P132
- 弔 弔問側のあいさつ ➡P207
- 喪 法要案内状 ➡P217
- 弔 法要案内の返信 ➡P223

【キリスト教式の流れ】

カトリック

危篤

◆終油《しゅうゆ》の秘蹟《ひせき》
- 喪 危篤の連絡 ↓P18

臨終〜通夜

◆臨終
- 喪 死去の連絡 ↓P20
- 喪 葬儀案内状 ↓P212
- 喪 死亡通知状 ↓P213
- 弔 お悔やみ状 ↓P222

◆通夜の祈り
- 弔 お悔やみの言葉 ↓P161
- 喪 お悔やみへの返礼 ↓P26
- ▼聖歌合唱
- ▼黙祷
- ▼神父の聖書朗読・説教
- ▼祈り
- ▼献花 ↓P151

◆茶菓でのもてなし
- 喪 喪主のあいさつ ↓P35

◆葬儀ミサ

プロテスタント

危篤

◆聖餐式《せいさんしき》
- 喪 危篤の連絡 ↓P18

臨終〜通夜

◆臨終
- 喪 死去の連絡 ↓P20
- 喪 葬儀案内状 ↓P212
- 喪 死亡通知状 ↓P213
- 弔 お悔やみ状 ↓P222

◆前夜祭
- 弔 お悔やみの言葉 ↓P161
- 喪 お悔やみへの返礼 ↓P26
- ▼聖書朗読
- ▼祈り
- ▼賛美歌斉唱
- ▼牧師の説教

◆茶菓でのもてなし
- 喪 喪主のあいさつ ↓P35

◆葬儀式

喪 喪家側　弔 弔問側

葬儀～火葬	葬儀翌日～	法要

▼入堂式
▼ことばの典礼
▼感謝の典礼
▼弔辞・弔電披露
弔 弔辞を読む ↓P164
◆告別式
喪 お悔やみの言葉 ↓P161
弔 お悔やみへの返礼 ↓P26
▼聖歌合唱
▼故人の紹介
▼告別の祈り
喪 喪主のあいさつ ↓P67
▼献花 ↓P151
◆出棺
◆火葬
◆あいさつ回り
喪 世話役などへのあいさつ ↓P114
喪 年賀欠礼状 ↓P216
◆追悼ミサ
喪 弔問側のあいさつ ↓P211

▼黙祷
▼聖書朗読
▼賛美歌斉唱
▼牧師の祈祷、説教
▼弔辞・弔電披露
弔 弔辞を読む ↓P164
◆告別式
喪 お悔やみの言葉 ↓P161
弔 お悔やみへの返礼 ↓P26
▼賛美歌斉唱
▼牧師の祝祷
喪 喪主のあいさつ ↓P67
▼献花 ↓P151
◆出棺
◆火葬
◆あいさつ回り
喪 世話役などへのあいさつ ↓P114
喪 年賀欠礼状 ↓P216
◆記念式
喪 弔問側のあいさつ ↓P211

【神式の流れ】

危篤

◆立会い
喪 危篤の連絡 ⬇P18

臨終～通夜

◆臨終

◆遺体の安置

◆納棺
▼まくら飾り
▼神棚封じ
喪 死去の連絡 ⬇P20
喪 葬儀案内状 ⬇P212
喪 死亡通知状 ⬇P213
弔 お悔やみ状 ⬇P221

◆通夜祭（通夜）
弔 お悔やみの言葉 ⬇P162
喪 お悔やみへの返礼 ⬇P26
▼遷霊祭《せんれいさい》
▼玉串奉奠《たまぐしほうてん》 ⬇P151
喪 喪主のあいさつ ⬇P35
喪 喪主代理のあいさつ ⬇P50
喪 葬儀委員長のあいさつ ⬇P57

◆直会《なおらい》（通夜ぶるまい）
喪 終了時のあいさつ ⬇P60

【無宗教葬の流れ】

臨終～法要

◆臨終
喪 死去の連絡 ⬇P20

◆見送る会（通夜）
弔 お悔やみの言葉 ⬇P153
喪 お悔やみへの返礼 ⬇P26
喪 喪主のあいさつ ⬇P35
▼茶菓でのもてなし

◆葬儀
弔 お悔やみの言葉 ⬇P153
喪 お悔やみへの返礼 ⬇P26
▼開式の辞
▼黙祷
▼献奏など（自由な形式で）
▼お別れの言葉（弔辞）、弔電披露
弔 弔辞を読む ⬇P164
▼献花／献香 ⬇P150
喪 喪主のあいさつ ⬇P67
▼閉式の辞

◆出棺・火葬・納骨

◆追悼会
喪 遺族のあいさつ ⬇P139
弔 弔問側のあいさつ ⬇P211
喪 追悼会案内状 ⬇P219

喪 喪家側　弔 弔問側

葬儀～遺骨迎え

◆葬場祭《そうじょうさい》（葬儀）
- 弔 お悔やみの言葉 ➡P162
- 喪 お悔やみへの返礼 ➡P26
- ▼修祓《しゅうばつ》の儀
- ▼奉幣《ほうへい》・献饌《けんせん》の儀
- ▼祭詞《さいし》奏上《そうじょう》
- ▼誄詞《るいか》奏上《そうじょう》
- ▼弔辞・弔電披露
- 弔 弔辞を読む ➡P164
- ▼玉串奉奠 ➡P151
- ▼撤幣《てっぺい》・撤饌《てっせん》
- 喪 喪主のあいさつ ➡P67

◆出棺祭・火葬祭・帰家祭（還骨法要）
- 喪 会葬礼状 ➡P214

葬儀翌日～

◆あいさつ回り
- 喪 宗教者や世話役などへのあいさつ ➡P114
- 喪 年賀欠礼状 ➡P216

法要

◆霊前祭（法要）

◆香典返しの送付
- 喪 忌明けのあいさつ状 ➡P215

◆年忌法要
- 喪 弔問側のあいさつ ➡P210
- 喪 法要案内状 ➡P218
- 弔 法要案内の返信 ➡P223

【団体葬・社葬の流れ】

通夜～葬儀（仏式の場合）

◆通夜
- 弔 お悔やみの言葉 ➡P152
- 喪 お悔やみへの返礼 ➡P26
- ▼読経、焼香 ➡P150

◆通夜ぶるまい
- 喪 葬儀委員長のあいさつ ➡P57

◆葬儀・告別式
- 喪 終了時のあいさつ ➡P60
- ▼開式の辞
- ▼読経、焼香 ➡P150
- ▼弔辞拝受、弔電披露
- 弔 弔辞を読む ➡P164
- 喪 葬儀委員長のあいさつ ➡P97
- 喪 喪主のあいさつ ➡P67
- ▼閉式の辞

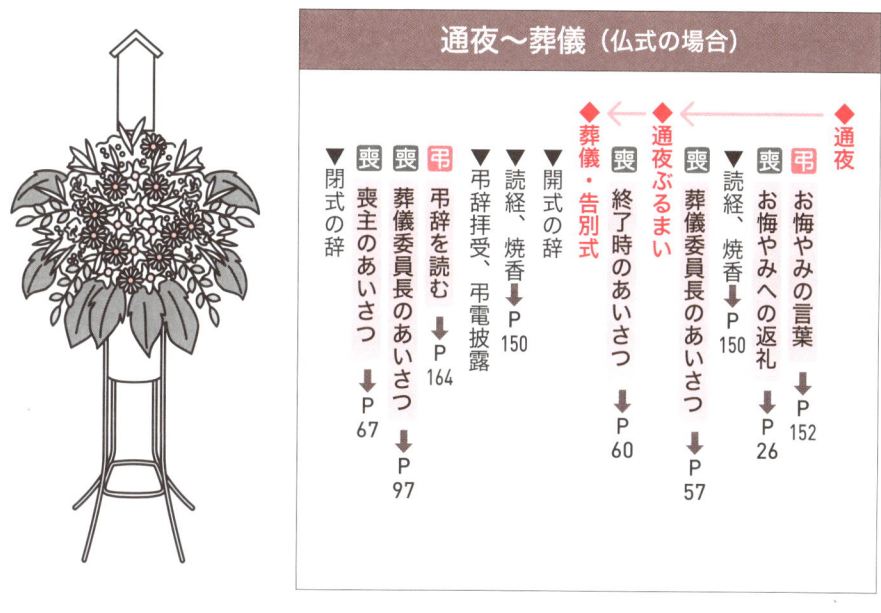

気をつけたい 忌み言葉と宗教用語

忌み言葉とは、その場にふさわしくない言葉です。あいさつや手紙だけではなく、葬儀や法要での会話中も避けるようにします。過敏になりすぎる必要はありませんが、遺族の気持ちを考えた言葉を選びましょう。

不幸の繰り返しを連想させる言葉

「また」「再び」「続いて」「繰り返す」「追って」「重ねて」「再三《さいさん》」「つくづく」「しばしば」「たびたび」「かえすがえす」「重ね重ね」「くれぐれも」「ひき続き」「いよいよ」など

音が不幸を連想させる数字

「四（し）」（死を連想させる）→よん、よっつ
「九（く）」（苦を連想させる）→きゅう、ここのつ

おおげさな表現

「たいへんなこと」「とんでもないこと」「とんだこと」など

不吉な言葉

「浮かばれない」「迷う」

死を直接表す言葉

「死ぬ」「死亡」「死去」「事故死」「自殺」「生きる」など

言い換え例

死亡 ↓ 「永眠《えいみん》」「逝去《せいきょ》」「他界」「息をひきとる」「世を去る」「眠りにつく」「旅立つ」
（仏教）「成仏《じょうぶつ》」「往生《おうじょう》」
（神道）「帰幽《きゆう》」「御霊《みたま》となる」「守り神となる」「守護神となる」「氏神《うじがみ》となる」
（キリスト教）「昇天《しょうてん》」「帰天《きてん》」「召天《しょうてん》」「天に召される」「神の御許《みもと》に召される」

急死 ↓ 「急逝《きゅうせい》」「突然のこと」「不慮のできごと」

若死 ↓ 「夭折《ようせつ》」「夭逝《ようせい》」「早世《そうせい》」

生きている間 ↓ 「生前」「元気なころ」「存命中」

他宗教では用いない仏教用語

「供養」「冥土《めいど》」「成仏」「仏前」「冥福《めいふく》」

キリスト教では不適切な表現

「お悔やみ」「哀悼《あいとう》の意」

1章

喪家側

葬儀でのあいさつ

危篤～葬儀のあとまで

お悔やみをいただいたときのお返しの言葉や
いろいろなことをお願いする僧侶への言葉、
各場面での適切なあいさつなど
危篤から葬儀が終了するまでの文例を紹介しています。

危篤の連絡の心得

連絡の際の心得

突然の危篤《きとく》の宣告は、家族に大きなショックを与えることでしょう。しかし、当人のためにも、最期に会ってほしい人などに連絡を取るのが家族の役目です。慌てずに落ち着いて行いましょう。配偶者や親が連絡できる状態でなければ、そのきょうだいや子が代行してもかまいません。

相手には、電話で直に連絡するのがいちばんですが、連絡がつかないようなら、メールをしたり、伝言を頼みます。一刻を争うときなので、時間は問われませんが、「夜分に失礼します」などの気遣いのひと言を忘れないように。当人が会いたがっている人を優先して、連絡しましょう。

連絡のしかた

要件を簡潔に述べることが大切です。まず自分の名前と当人との関係を伝え、誰が、どこで、どうして危篤であるかを伝えます。入院先などへの道順や、その電話番号も教えておくと、後々の面倒が省けます。あらかじめ調べて、メモしておくのがいいでしょう。

知らせる範囲と順番

❶ 親類

3親等まで（当人の親交に対応）

↓

❷ 友人／知人

当人と特に親しい人や会いたがっている人

↓

❸ 勤務先／学校

就労、就学中のみ

基本文例
親類へ
家族

夜分にすみません。佐藤圭吾の妻の京子です。昨夜夫が交通事故に遭《あ》い、危篤《きとく》となりました。入院先は西区病院で、電話番号は○○○–○○○○です。先の見えない状態です。どうぞすぐにお越しください。

●病院の場所や連絡先を伝えておく。

基本文例
知人へ
家族

お忙しい時間に恐れ入ります。近藤有紀の母です。有紀の状態が悪化し、危篤《きとく》状態となりました。本人がとても会いたがっていますので、ぜひ一目でも会っていただければと思い、お電話いたしました。

●当人の意向を伝えてもよい。

基本文例
当人の勤務先や学校へ
家族

いつもお世話になっております。営業課の井上悟の兄でございますが、弟が早朝より危篤《きとく》状態となりましたので、ご連絡いたします。

●勤務先などへの連絡は、電話がつながる時間帯になったらする。

死去の連絡の心得

連絡の際の心得

危篤《きとく》と同様に、まずは電話で、近親者やごく親しい人、危篤に駆けつけてくれた人に連絡をします。それ以外の人への連絡は、通夜や葬儀の日程が決まってからでも失礼にはなりません。

不在なら留守番電話、メール、伝言、ファックスなどで伝えておきます。友人・知人などに、故人との共通の友人への連絡を頼んでもいいですが、大切な人には連絡がもれないよう、直接連絡すべきでしょう。

手元に今後の予定など詳しくメモしたものを用意しておくと安心です。死去の連絡は、連絡すべき人が多いものなので、近親者などで手分けして行うといいでしょう。

連絡のしかた

まず自分を名乗り、いつ、どこで、だれが、どうして亡くなったかを簡潔に述べます。そのあと、通夜などの日程を正確に伝えます。

知らせる内容

名乗る
↓
いつ／どこで／だれが／なぜ
亡くなったかを伝える
↓
通夜や告別式の日時の案内
↓
「どうぞよろしくお願いします」

知らせる範囲

親類全般、友人・知人
勤務先・学校
近所やその町内会
その他の知り合い

基本文例

一般的な連絡

遺族

お忙しいところ、申し訳ありません。私、谷本陽一の息子の慎司と申します。昨夜、入院中の父の容態が急変し、今日午前十一時に市民病院にて息を引き取りました。

つきましては、通夜《つや》を二日の夜八時から、告別式を三日の昼二時から、いずれも市民斎場にて執《と》り行います。ご迷惑でなければ、ご参列していただきたいと思い、ご連絡申し上げました。

●急ぎの連絡であっても、「申し訳ございません」など気遣いのひと言を。
●通夜や葬儀の会場を簡単に説明したり、住所や電話番号を教えられるよう、連絡の前に準備しておく。

基本文例

故人の友人へ ―見舞いのお礼を交えて

遺族

早朝に失礼いたします。渡辺良介の家内の恵です。昨日、斉藤さんがお帰りになったあと、一時持ち直したかのようでしたが、朝方また容態が悪化し、五時少し前に息を引き取りました。今までありがとうございました。通夜《つや》の日取りなどが決まったら、またあらためてご連絡します。

●通夜・葬儀の日程が決まっていない場合は、その旨を伝える。

基本文例

故人の友人へ ―本人が不在で伝言を伝える場合

遺族

千佳さんの友人の太田智子の姉です。いつも智子がお世話になっております。千佳さんにご連絡が取れませんので、伝言をお願いしたいのですが。

実は、昨日、智子が……（連絡事項を伝える）。

どうか千佳さんにその旨をお伝えください。

●伝言を頼むときでも、連絡内容は省略しないようにする。

基本文例

故人の取引先へ

遺族

朝早くに失礼いたします。いつもお世話になっております川本建設の川本信夫の息子で健一と申します。昨晩、父が交通事故に遭《あ》い、そのまま息を引き取りました。明後日十日の夜七時より通夜《つや》を、十一日の昼一時より葬儀、告別式をどちらも自宅にて行います。

突然のことですが、ご迷惑でなければ、ご参列くださるよう皆様にお伝えいただけないでしょうか。

●自営業などで取引先に連絡した場合は、ほかの知り合いへの連絡を頼んでもよい。

基本文例

故人の会社へ

遺族

総務課の山田順平の妻でございます。夫が昨晩、突然の心臓発作によって急逝《きゅうせい》いたしました。九月二日十九時より自宅にて通夜《つや》を、三日十四時より東西寺にて葬儀を行います。

急なことでご迷惑をおかけしますが、よろしくお願いいたします。総務課の皆様にもよろしくお伝えください。

- 会社での故人の所属や役職を述べる。
- 入院などで会社を休んでいた場合は、それについてのお詫びのひと言を。

基本文例

故人の学校担任へ

遺族

三年一組の横井梓の父でございます。娘は昨夜、病状が急変し、今朝五時ごろ、無念にも他界いたしました。松井先生やクラスの皆さんには、家族ともどもたいへん感謝しております。

二十五日午後六時より通夜、翌日午後三時より告別式を、どちらも市民斎場にて執《と》り行います。どうぞよろしくお願いいたします。

- 生前のお見舞いなどには礼を述べる。

基本文例

近所の家へ

遺族

隣の吉川でございます。祖母が本日、自宅にて安らかに息を引き取りました。明日夜七時から通夜《つや》を自宅にて行います。人や車などの出入りなどでご迷惑をおかけすると思いますが、よろしくお願いいいたします。

●自宅で葬儀を行う場合、迷惑がかかることを先に断っておく。

基本文例

お寺への連絡――菩提寺への葬儀依頼

遺族

いつもお世話になっております。南町三丁目の西野でございます。今朝、夫の広次が総合病院にて息を引き取りました。ご住職《じゅうしょく》様に枕経《まくらきょう》をお願いしたいと思います。また通夜《つや》、葬儀のこともご相談したいのですが、ご都合はいかがでしょうか。

●失礼のない時間帯に連絡し、僧侶の予定を確認する。

基本文例

お寺への連絡―菩提寺以外への葬儀依頼

遺族

岡田富子と申します。突然のご連絡、申し訳ありません。
昨日、息子の慶太が事故で亡くなりました。私どもがご縁のあるお寺は、遠方《えんぽう》でお頼みすることができないため、あちらの住職《じゅうしょく》様にご相談し、ご紹介いただきました。息子の通夜、葬儀をお願い申し上げたいのですが、ご都合はいかがでしょうか。

●そのお寺に至る経緯や理由も述べること。

こんなとき どう言う？

病院関係者へのあいさつ

病院で最期を迎えた場合は、お世話になった医師、看護師などにもあいさつをします。

「入院中はたいへんお世話になりました」

僧侶にお布施の額を尋ねる

お布施は世話役などに地域の相場を尋ねるといいでしょう。不明の場合は、僧侶に直接相談してもかまいません。

「初めてのことで何もわかりません。誠に失礼とは存じますが、このたびは、お布施《ふせ》をいかほどご用意したらよろしいでしょうか」

遺族の勤務先・学校への連絡

故人だけでなく、遺族の勤務先や学校への連絡も忘れないようにしましょう。

「このたび、父が亡くなりました。皆さんにはご迷惑をおかけしますが、通夜《つや》・葬儀などのため○日までお休みさせていただきたいのですが…」

「渡辺美香の母でございます。昨夜、美香の祖母が亡くなりました。○日は葬儀のため学校を休ませますので、よろしくお願いいたします」

お悔やみへの返礼

●遺族のあいさつ
↓P27
●遺族代表のあいさつ
↓P33

返礼のしかた

相手の気遣いに感謝し、簡潔でていねいな受け答えをしましょう。弔問のお礼のほかにも、故人がお世話になった人、お見舞いなどをしてくれた人へは、生前の故人への厚誼《こうぎ》に対して、感謝の言葉を伝えましょう。

返礼の心得

遺族、特に喪主は通夜《つや》や弔問《ちょうもん》に訪れた多くの人から、お悔やみを受けます。特別な人とだけ話し込んでしまうなどしないよう、弔問者への対応にはムラが出ないよう心掛けましょう。お悔やみに対しては、お礼の言葉を返しますが、どうしても言葉に詰まってしまったときは、「ありがとうございます」と頭を下げるか、黙礼だけでもかまいません。弔問者も、その深い悲しみを察してくれるはずです。

弔事《ちょうじ》では、喪主は弔問者の見送りを行わないのが慣例です。弔問者が帰る様子を見せたら、「お見送りはできませんが、お気をつけてお帰りください」などと、気遣う言葉をひと言添えるといいでしょう。

返礼の基本構成

1. 弔《ちょう》問のお礼
↓
2. 厚意への感謝

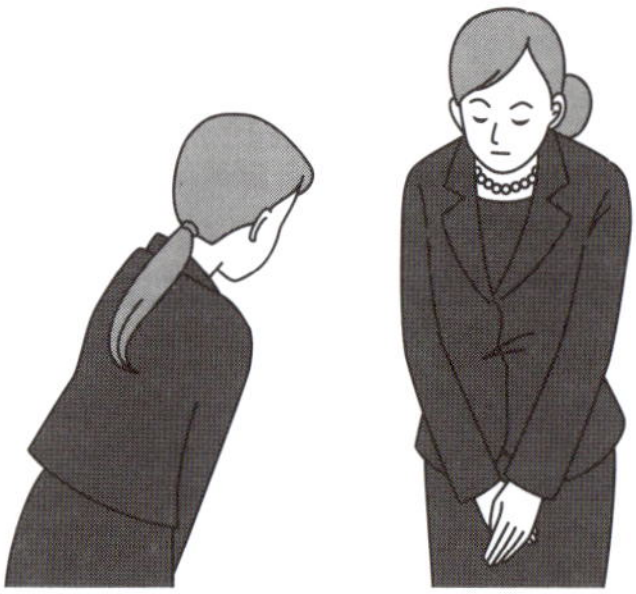

基本文例

一般的なあいさつ

遺族

早速のお悔やみ、恐縮です。

ごていねいなお悔やみをいただきまして、ありがとうございます。

本日はごていねいなお心遣いをいただき、ありがとうございます。

急な知らせにもかかわらず、早速お悔やみをいただき、恐れ入ります。

●手短かなあいさつであっても、言い方をていねいに。

お忙しいなか、お運びいただき恐れ入ります。生前はいろいろとお世話になったことと存じます。故人に代わりまして厚くお礼申し上げます。

ご多用のところ、早々に足をお運びいただき、ありがとうございます。井上様の生前のご厚誼《こうぎ》には、故人もたいへん感謝しておりました。故人に代わりまして厚くお礼申し上げます。

●弔問してくれたことへのお礼も述べるようにする。

基本文例

故人が急死・事故死の場合

遺族

本日はごていねいなお悔やみ、ありがとうございました。突然のことで取り乱しております。なにかと行き届きませんが、お許しください。

ご丁重《ていちょう》なお悔やみ、恐れ入ります。今も昨日までの元気な姿が目に浮かび、思いがけない出来事に、気持ちの整理がつかない状態です。行き届かない点があるとは存じますが、お許しのほどお願い申し上げます。

●突然の出来事で、弔問者に対しての対応が行き届かないこともあるので、お詫びの言葉を添える。

●現在の心境を手短に伝えてもよい。

ご多用のところ、早速のお悔やみ、誠にありがとうございました。

職場の皆様には生前はひとかたならぬお世話になりながら、ご厚誼《こうぎ》に報いることができず、故人も心残りだったと思います。

ご迷惑をおかけいたしましたこと、故人になり代わりまして、心よりお詫《わ》び申し上げます。

●故人の仕事関係者には、迷惑をかけてしまったことに対して、お詫びの言葉を述べる。

基本文例

故人が病死の場合

遺族

早速のお悔やみ、恐れ入ります。覚悟はしておりましたが、やはり残念でなりません。お世話になった山野様に、こうしてお越しいただけましたこと、本人も喜んでいると思います。ありがとうございます。

本日はお忙しいなか、ありがとうございます。長い闘病にもかかわらず、安らかな最期《さいご》でしたのが、せめてもの救いです。入院中は、温かいお心遣いを頂《ちょう》戴《だい》いたしまして、心よりお礼申し上げます。

●死に至った原因を簡単に伝えるのはいいが、病状や治療中の苦しみなどについては、あまりふれないほうがよい。

ご多用のなか、ごていねいなお心遣いをいただきまして、恐れ入ります。主人は入院中もずっと仕事のことを気にしておりました。さぞ心残りだったと思います。生前は、職場の皆様にもご迷惑をおかけしましたこと、故人に代わりまして心よりお詫《わ》び申し上げます。お悔やみ、誠にありがとうございました。

●故人の仕事関係者には、迷惑をかけてしまったことに対して、お詫びの言葉を述べる。

基本文例

子どもに先立たれた場合

遺族

わざわざお越しくださいまして、恐れ入ります。突然のことでまだ信じられませんが、しっかりしなければと自分に言い聞かせております。

お心遣いありがとうございました。まさか子どもに先立たれるとは思いもよりませんでしたが、これも天命《てんめい》かと存じます。直之も、よいお友だちに恵まれて、短いながらも幸せな人生だったと存じます。

●言葉や態度に無念な気持ちがにじみ出てしまうのも仕方がないが、あからさまに感情を出し過ぎると、弔問者に心配をかけてしまうことも。
●生前、お見舞いに来てくれた人には、お礼を伝える。

基本文例

故人が高齢だった場合

遺族

早速のお悔やみ、ありがとうございました。まだまだ長生きしてくれると思っていただけに残念でなりませんが、年齢を考えれば天寿《てんじゅ》を全《まっと》うしたのだと、なんとか気持ちを落ち着かせております。

●「天寿を全うする」は十分に長生きしたという意味。「天寿を全うしたのがせめてもの救い」などと使う。

遠路にもかかわらずお越しいただきまして、恐縮です。高齢でしたので覚悟はしておりましたが、やはり寂しいものです。生前は、ひとかたならぬご厚誼《こうぎ》を賜《たまわ》り、本人に代わりまして心よりお礼申し上げます。

●遠方からの弔問者には、足を運んでくれたことへのお礼を伝える。

基本文例 手伝いを申し出られた場合

遺族

お心遣いありがとうございます。お言葉に甘えてお世話になります。

ありがとうございます。どうぞよろしくお願いいたします。ただ、気が動転しておりまして、何をお手伝いいただいたらよいのか、私には判断できかねます。恐れ入りますが、世話役の出川様におたずねください。

●手伝いが必要な場合は、ありがたく申し出を受ける。
●手伝いは世話役が取り仕切っているため、具体的なことは世話役に引き継ぐ。

恐れ入ります。親戚の者が多数来ておりますので、なんとか人手は足りているようです。お気持ちだけ、ありがたく頂戴《ちょうだい》いたします。

●断る場合でも感謝を伝える。

基本文例

供物・供花をいただいた場合

遺族

お心遣いありがとうございます。ありがたく頂戴《ちょうだい》いたします。

恐れ入ります。母の好物ですので、喜んでいることでしょう。早速、供《そな》えさせていただきます。

●香典や供物は、ありがたく受け取る。

基本文例

故人との対面をすすめる場合

遺族

お悔やみありがとうございます。山田様が来てくださり、本人も喜んでいると思います。よろしければ、ひと目でも会っていただけますか。

遠いところをありがとうございます。突然のことで、私どもも動転しておりますが、本人も残念だったことと思います。できましたら、ひと目会って、お慰めいただけますでしょうか。

●対面が終わったあとは、あらためて「ありがとうございました」とお礼を述べる。

基本文例

遺族の代理でお悔やみを受けた場合

遺族代理

お悔やみありがとうございます。遺族に代わってお礼申し上げます。

お忙しいところお運びいただきまして、ありがとうございます。あいにく遺族はただいま火葬場に出向いております。二時頃戻る予定でございますので、よろしければこちらでお待ちくださいませ。

●遺族側の人間として対応するので、遺族に対して「ご遺族」「こちらの奥様」などの敬語を使わない。

こんなとき どう言う？

枕経に到着した僧侶へのあいさつ

まず控えの間に通し、茶菓《ちゃか》の接待をします。その際にあいさつを述べましょう。

「お忙しいなか、ご足労いただきまして、誠にありがとうございます。父もさぞ安心することと思います。不慣れなことばかりでとまどっておりますが、どうぞよろしくご指導くださいますよう、お願いいたします」

「ご多忙中のところ、早速おいでいただき、ありがとうございます。慣れないことばかりで不手際もあると存じますが、どうかよろしくお引きまわしくださいますよう、お願い申し上げます」

世話役へのあいさつ

世話役は、通夜・葬儀の全体を取り仕切ってくれる人です。

●世話役を依頼するとき

「お手数をおかけしますが、万事よろしくお願いいたします」

●通夜の途中

「吉本様のおかげで、なんとか乗り切れそうです。ありがとうございます」

●通夜の終了時

「本日はお力添えをいただきまして、ありがとうございました。おかげさまで滞《とどこお》りなく済ますことができました。明日の葬儀も、よろしくお願いいたします」

通夜でのあいさつ

●喪主のあいさつ
➡P35
●喪主代理のあいさつ
➡P50

あいさつの心得

通夜《つや》での弔問者《ちょうもんしゃ》へのあいさつは、読経《どっきょう》、焼香《しょうこう》などがすべて終わり、僧侶が控え室にさがったあと、喪主が行うのが一般的です。ただし、喪主があいさつできるような状態でない場合は、ほかの遺族が代行してもかまいません。

あいさつには、弔問への感謝、故人のこと、通夜ぶるまいへの促《うなが》しなどを盛り込みます。感謝や連絡はていねいに、故人のエピソードを話すときは、少しくだけた雰囲気でもいいでしょう。

途中で涙がこぼれてしまったら、少し間をおいてから話し始めます。故人の死を悲しんでいるということで、失礼にはなりません。

あいさつのしかた

弔問に対して感謝の気持ちを述べてから、故人の最期の様子や生前のエピソードを添えます。通夜ぶるまいや葬儀の案内は最後に伝えます。通夜ぶるまいの案内の際、おおよその終了時刻を伝えてもかまいません。

あいさつの基本構成

1. 弔問へのお礼
↓
2. 故人のエピソード
↓
3. 通夜ぶるまいの案内
↓
4. 葬儀・告別式の案内
↓
5. お礼

基本文例

喪主の一般的なあいさつ

喪主

本日はお寒いところ、お通夜《つや》の焼香《しょうこう》を賜《たまわ》りまして、ありがとうございました。皆様のお志《こころざし》に、亡き父も喜んでいることと存じます。

父は、去る十月三日、午後九時三十七分に私ども家族の見守るなか、静かに息を引き取りました。享年《きょうねん》、七十六歳でした。

これまで大きな病気もせず、定年後は母とのんびり過ごしていた父でしたが、ちょうど五年前の秋に肝臓がんと診断され、入院生活が始まりました。半年の命と宣告されたにもかかわらず、主治医の先生もびっくりするほどの生命力で、家族との貴重な時間を残してくれました。家族一同、心残りなく父と別れることができ、父には心から感謝しております。

心ばかりではありますが、別室に酒肴《しゅこう》の用意をいたしました。どうぞ、今しばらくおつき合いいただき、故人の在《あ》りし日の思い出話などをお聞かせいただければ幸いです。

❶ 弔問へのお礼
●天候などもからめて、弔問への感謝を述べる。

❷ 故人のエピソード
●故人の最期の報告や、人柄がしのばれる話などを述べる。
●生々しい表現は避ける。

❸ 通夜ぶるまいの案内
●通夜ぶるまいの席を設けている場合はその旨を伝え、お誘いする。

なお、葬儀・告別式は明日午前十時より、当斎場にて執《と》り行います。お時間がございましたら、ぜひご列席いただけますようお願い申し上げます。

本日は誠に、ありがとうございました。

❹ 葬儀・告別式の案内
●通夜ぶるまいに出席しない人が多い時などは、ここで案内を入れる。

❺ お礼
●最後にあらためて感謝の意を伝える。

基本文例

手短かなあいさつ

喪主

皆様、本日はお忙しいなか、お運びくださいまして、ありがとうございました。また、故人の生前はひとかたならぬお世話になりました。亡き母になり代わり、お礼申し上げます。なお、明日の葬儀は午前十一時より、中央斎場にて執り行いますので、よろしくお願いいたします。

あちらの部屋に簡単な食事の用意などをさせていただきました。故人の供養《くよう》になりますので、どうぞお召し上がりください。

●必要に応じて、故人の死亡理由や遺族の現在の心境、葬儀の案内などをつけ加える。

本日はご多用のところ、ご弔問《ちょうもん》いただきありがとうございました。皆様方にお越しいただいたこと、故人も喜んでいることと思います。別室に粗餐《そさん》を用意いたしました。故人を偲《しの》びながらお召し上がりください。

基本文例 通夜ぶるまいをしない場合

喪主

本日はご多用中にもかかわらず、父の通夜《つや》にお運びくださいまして、ありがとうございました。また、皆様の存命中からのご厚情《こうじょう》に、深く感謝いたしております。故人に代わりまして、心よりお礼申し上げます。

本来ならば、ここでお食事を用意し、故人を偲《しの》ぶひとときを過ごしていただくところですが、都合により準備ができておりません。不行き届きで、たいへん申し訳ありません。何とぞご容赦ください。どうぞ、お気をつけてお帰りください。

●「会場の都合で」など、手短に説明するのはかまわないが、用意しない理由をつらつら述べる必要はない。

実例1
喪主

故人の晩年にふれて

話し手 子
故人 親

本日はご多用のところ、母・フミの通夜《つや》に駆けつけてくださいまして、誠にありがとうございました。たくさんの方においでいただき、母もさぞかし喜んでいることと存じます。

母は、一昨日、家族に見守られながら息を引き取りました。享年《きょうねん》九十二歳でした。

年齢のせいか、多少の物忘れなどはありましたが、亡くなる数日前まで自分の足で歩き、食事も自分で食べるほど元気でした。機嫌のいいときは、生後三か月のひ孫によく子守歌を歌っていました。赤ん坊の母親が、母にとっては孫にあたりますが、「眠っている子に子守歌を歌っている」とからかうと、母は「寝ていたって気持ちは伝わる」と、嬉しそうに笑っておりました。まだまだ元気でいてくれるだろうと、安心していた私たち家族にとっては、突然のお別れでしたが、思えば生前、何度となく、迷惑をかけたくないと言っていた母らしい最期《さいご》であったかもしれません。

別室にささやかな食事を用意しました。人が集まることが好きな母でしたので、懐かしい話などをしながら、ひとときを過ごしていただければと存じます。

弔問へのお礼
故人のエピソード
通夜ぶるまいの案内

実例2
喪主

生前への厚誼に感謝を込めて

話し手
妻

故人
夫

ひと言ごあいさつ申し上げます。本日はお忙しいところ、またお寒いなか、ごていねいに弔問《ちょうもん》いただきまして、ありがとうございました。

夫・野口晴信は、昨年九月より病気療養《りょうよう》のため入院しておりましたが、看病の甲斐《かい》なく、二月三日、永眠《えいみん》いたしました。享年《きょうねん》七十三歳でした。

定年退職をしてからの夫は、たくさんの方々に囲まれて、町内会の世話役や、子供会のボランティア活動に積極的に関わっておりました。「この土地は俺の第二の故郷だから」というのが口癖だったのを思い出します。

夫なりに、この地域をより活性化することを、退職後の自分の生きがいと感じていたのだと思います。

病に倒れてからも、ありがたいことに、老若男女《ろうにゃくなんにょ》を問わず、何人もの方がお見舞いに来てくださりました。そのたびに夫は、病を忘れたかのように目を輝かせ、さまざまな計画を話しておりました。

弔問へのお礼

故人のエピソード

夫があんなにもいきいきと過ごせましたのも、すべて皆様の深いご厚情《こうじょう》あってのことと存じます。誠にありがとうございました。故人になり代わりまして、厚くお礼申し上げます。

別室に、お清めの席を用意いたしました。故人の供養《くよう》になりますので、ぜひお召し上がりください。本日は誠にありがとうございました。

お礼

通夜ぶるまいの案内

実例3

喪主

故人の人柄を偲んで

話し手 夫

故人 妻

本日はご多用のところ、またお足もとの悪いなか、妻・英子のために駆けつけてくださいまして、誠にありがとうございました。

妻は三月十六日の夜、風呂上がりに倒れたあと、病院に運びましたがそのまま心不全となり、他界《たかい》いたしました。本当に急なことで、息子たちが臨終《りんじゅう》に間に合わなかったことが今でも悔やまれます。

私自身も、妻との別れがこんなにも早く、また突然に訪れるとは、思いも寄らないことでした。下の息子の大学卒業も決まり、これで親としての役目も一段落と、妻と二人で話し

弔問へのお礼

故人のエピソード

合っていた矢先の出来事でした。

妻はご存じの通り、趣味のパッチワークに没頭《ぼっとう》しており、このごろでは、小さな教室を開き、生徒さんと過ごす時間を楽しみにしておりました。

あるとき、妻がパッチワークをしながら何気なく、ひとつひとつの小さな布をつなげて美しい模様を作りあげることは人間関係に似ている、と話していたことがありました。

本日、突然のことにもかかわらず、こうしてたくさんの方々にお集まりいただいたことがありがたく、人と人とのつながりを大切に思っていた妻の気持ちがよくわかったような気がいたします。

皆様方のお顔を拝見《はいけん》して、妻もたいへん喜んでいることと存じます。生前に賜《たまわ》りました数々のご厚誼《こうぎ》に対し、故人になり代わりまして心よりお礼申し上げます。

なお、ささやかではございますが、別室に食事の席を設けてございます。どうかお時間の許す限り、妻の思い出を偲《しの》んでいただければと存じます。

通夜ぶるまいの案内

お礼

実例4

喪主

故人との思い出を交えて

話し手
妻

故人
夫

皆様、本日はお忙しいところ、わざわざご弔問《ちょうもん》くださいまして、誠にありがとうございました。皆様のお志《こころざし》に、夫もさぞかし喜んでいることと存じます。

一昨日の事故であのようなことになってしまい、私どももすぐに病院に急ぎましたが、間に合いませんでした。享年《きょうねん》四十三歳でした。

夫は仕事に一途な人で、家族と顔を合わせない日のほうが多いという毎日でした。先週の日曜のこと、夫が珍しく「みんなで買い物に行こう」と言い出し、家族でショッピングセンターに出かけました。今にして思えば、何か予感めいたものがあったのかもしれません。娘と私の買い物が長いのを待ちながら、男同士でいろいろ話したと、先ほど長男が教えてくれました。子どもたちは、長女十六歳、長男十四歳と、まだ父親を必要とする年ごろではありますが、子どもたちなりに考え、私を支えようとさえしてくれています。この子たちを一人前の大人にすることが、夫へのなによりの供養《くよう》と思っております。

皆様方から賜《たまわ》りました、存命中からのご厚情《こうじょう》に、深く感謝いたしております。今後も皆様

弔問へのお礼　故人のエピソード　お礼

方にお力添えをお願いすることもあるかと存じますが、どうかご指導のほど、よろしくお願いいたします。

心ばかりではありますが、別室に酒肴《しゅこう》の用意をいたしました。どうぞ、夫を偲《しの》びながら召し上がっていただきたいと存じます。本日は誠にありがとうございました。

通夜ぶるまいの案内

実例5

喪主

急な死への無念さを訴えて

話し手　子

故人　親

本日はご多用中にもかかわらず、母・千津子のためにお運びくださいまして、ありがとうございました。大勢の方に来ていただいて、母も喜んでいることと存じます。

弔問へのお礼

母は五日前、買い物中に交通事故に遭《あ》い、意識が戻らぬまま、手当ての甲斐《かい》なく一昨日未明に息を引き取りました。享年《きょうねん》五十六歳でした。

店を残して父が早くに亡くなったため、生涯働きづめの母でした。にこやかに接客していた母の姿が目に浮かびます。昨年、私が店を引き継ぎ、母にはこれから楽をさせてやろうと思っておりました。せめて孫の顔を見せてやりたかったと思うと、早すぎる死が無念です。

故人のエピソード

しかし、これも寿命《じゅみょう》というものでしょうか。いつも店にきてくださるお客様、ご近所の皆様や趣味のサークルの皆様など、素晴らしいお仲間に恵まれ、母は悔いなく生きたのだと、今は自分自身に言い聞かせ、冥福《めいふく》を祈るほかはありません。皆様には、母の生前、格別のご厚情《こうじょう》を賜《たまわ》り、厚くお礼申し上げます。

お礼

葬儀は、明日午後二時から、高田寺にて行います。お時間がありましたら、ぜひご列席いただけますようよろしくお願い申し上げます。

葬儀の案内

ささやかながら、別室に食事を用意いたしました。賑《にぎ》やかなことの好きだった母の思い出話などをお聞かせいただければと思います。ありがとうございました。

通夜ぶるまいの案内

実例6

喪主

子どもに先立たれた悲しみをこらえて

話し手　親

故人　子

本日はあいにくの天気のなか、長男・優介のためにお集まりくださいまして、誠にありがとうございます。

弔問へのお礼

優介の病気のことは、皆様もご存じのことと思いますが、残念ながら、一昨日の夜更けに息を引き取りました。八歳の誕生日を迎えて一週間でした。

短い生涯のほとんどを病院のベッドの上で過ごした優介でしたが、いつもニコニコと笑顔を絶やさない、芯の強い子でした。つらい治療にも小さな体で辛抱強く耐え、看病している私たちを気遣うようなところさえありました。お友だちや妹が病室を訪ねていくと、人一倍明るく振る舞い、皆を笑わせておりましたが、笑わせている優介自身が、いちばん楽しそうな表情で笑っておりました。短いながらも、たくさんの笑顔に満ちた生涯でした。

覚悟は決めていたつもりでしたが、優介との別れはやはり耐え難く、私たち家族にとって、大きな試練です。ただ、私どもが別れを悲しみ、メソメソと泣いては、人の笑顔が何より好きだと言っていた息子を、がっかりさせてしまうような気がいたします。

息子は大勢の皆様の笑顔を胸に、幸せな気持ちで旅立ったと思い、彼の人生をたたえてやろうと思います。

病院の皆様、学校の皆様、息子と親しくおつき合いくださいまして、本当にありがとうございました。本人になり代わりまして、厚くお礼申し上げます。

ささやかではございますが、別室にお食事を用意しております。召し上がりながら、息子を偲《しの》んでやっていただければと存じます。

本日は誠にありがとうございました。

故人のエピソード
お礼
通夜ぶるまいの案内

実例7
喪主

服喪中の度重なる死について

話し手
子

故人
親

ひと言ごあいさつを申し上げます。

本日はお忙しいなか、また寒いなかを、お運びくださいまして、ありがとうございました。

父・栄介は十六日未明に自宅にて息を引き取りました。享年《きょうねん》八十三歳でした。

昨年十二月に、母・美代が他界《たかい》いたしました。その折りにも、皆様方には温かい励ましをいただきまして、父もたいへん感謝しておりました。

母の喪《も》の明けぬうち、父をも失いましたのは、私どもにとっては大きな悲しみです。きょうだいで、母の分まで父に親孝行をしよう、暖かくなったら温泉旅行でも連れて行こう、などと話し合っておりましたのに、それが果たせなかったことが、心残りでなりません。

しかし、母さんがいるから心配するなと、父の声がどこからか聞こえるような気もいたします。まるで母を追いかけるように旅立ってしまった父は、今頃、あの世で母と再会し、かつてのように仲のよい夫婦にもどって、私たちを見守ってくれているのでしょう。

生前、親しくおつき合いくださった皆様、いろいろと励ましてくださった皆様、本当にあ

弔問へのお礼

故人のエピソード

お礼

りがとうございました。厚くお礼申し上げます。
別室に、粗餐《そさん》を用意させていただきました。お時間の許す限り、父を偲《しの》んでいただければ幸いです。本日は、誠にありがとうございました。

通夜ぶるまいの案内

実例8
喪主

故人の仲間に感謝を込めて

話し手　子
故人　親

本日はお忙しいところ、亡き父・忠の通夜《つや》にご参列を賜《たまわ》りまして誠にありがとうございます。また、ご丁重《ていちょう》なるご香典、お供物《くもつ》などをいただきまして、厚くお礼申し上げます。

皆様もご存知のように、毎日のように将棋盤に向かっていた父が、脳梗塞で倒れたのは五年前です。「リハビリだよ」と言いながら、将棋仲間の皆様が父の相手をしてくださっていたことは、父にとって幸せな時間だったのではないでしょうか。私たち家族にとってもありがたいことでした。父は、一週間前に肺炎で入院し、そのまま回復を待たず逝ってしまいました。家族としても、なかなか割り切れないものがございます。ただ、子どもや孫、家族みなで看取ることができたのが、せめてもの慰めでしょうか。

弔問へのお礼

故人のエピソード

生前、親しくおつき合いいただいた皆様がおいでくださり、父も喜んでいることと思います。

本日は、ささやかではございますが、別室に軽いお食事の用意をいたしました。どうぞ召し上がりながら、故人を偲《しの》び、在《あ》りし日の思い出話などをお聞かせいただければ幸いに存じます。

なお、明日の葬儀・告別式は、午前十時より、当斎場にて執《と》り行います。なにとぞよろしくお願い致します。

本日は誠にありがとうございました。

通夜ぶるまいの案内
葬儀・告別式の案内

実例9 喪主

無宗教葬（自由葬）の場合

話し手 妻
故人 夫

本日は、お忙しいところ、また悪天のなか、夫・達哉を偲《しの》ぶ会にご出席いただき、誠にありがとうございます。

海を職場とした夫は、だれよりも海の好きな人でした。まさか三十代の半ばという若さで、海の事故で命を落とすとは思いも寄りませんでしたが、仕事柄、ある程度の覚悟はあったようです。もしもの時には、友人たちを集め賑《にぎ》やかに送ってほしいと常々冗談めかして申して

弔問へのお礼
故人のエピソード

おりました。

その遺志を受けて、本日はこのような形式の通夜《つや》にいたしました。今ごろは、皆様のお顔を見ながら、安らいでいることと思います。

生前、皆様には親しくおつき合いいただき、ご厚情《こうじょう》を賜《たまわ》りましたことを、心よりお礼申し上げます。

お別れの会は、明日午前十一時から、当会場にて無宗教で行います。お忙しいとは存じますが、ぜひともご参会いただきますようお願い申し上げます。

別室に簡単な席を用意してございます。お時間の許す限り、夫を偲《しの》び、ひとときをお過ごしいただければと存じます。

本日は誠にありがとうございました。

お礼

葬儀・告別式の案内

通夜ぶるまいの案内

こんなとき どう言う？

通夜のあとの僧侶へのあいさつ

通夜の読経が終わったら、控え室で僧侶にお茶を出し、お布施とお車代を手渡してお礼をします。

「お勤めありがとうございました。明日の葬儀にはお世話になりますが、どうぞよろしくお導きいただきますようお願いいたします」

通夜ぶるまいの席を設けない場合の僧侶へのあいさつ

お車代と一緒に、食事の代わりとなる御膳料を手渡します。

「本日はありがとうございました。私どもの不手際で、本日はお食事の席を開くことができず、たいへん恐縮でございます。こちら御膳料《おぜんりょう》とお車代でございます。どうぞお納めくださいませ」

僧侶が通夜ぶるまいを辞退した場合

通夜ぶるまいを受けずに僧侶が退席する場合は、席を設けなかったときと同様に、お車代と御膳料を渡します。

「本日はお勤め、本当にありがとうございます。こちら、御膳料《おぜんりょう》とお車代でございます。どうぞお納めください。明日の葬儀もよろしくお願いいたします」

基本文例
喪主代理の一般的なあいさつ

本日はお忙しいところ、ごていねいなご弔問《ちょうもん》をいただきまして、誠にありがとうございました。

本来ならば、喪主である母から皆様にごあいさつをさせていただくところでございますが、さきほどから心労のため休んでおります。喪主に代わり、故人の長男である私から、ひと言、ごあいさつさせていただきたく存じます。

父は一昨日の明け方、がんのため他界《たかい》しました。享年《きょうねん》七十歳でした。定年後も町内会の祭りや歴史保存活動を通じて、多くの仲間に恵まれました。本日はこのように、たくさんの方にお集まりいただき、亡き父もさぞかし喜んでいることと存じます。

心ばかりではありますが、あちらの部屋に食事の席をご用意いたしました。お時間の許す限り、故人を偲《しの》びながら召し上がっていただけましたら幸いと存じます。

❶ 弔問へのお礼

●弔問へのお礼は最初に述べる。
●代理となった理由を伝え、故人との関係がわかるように簡単に自己紹介する。

❷ 故人のエピソード

●喪家側の人間としてあいさつするので、故人や遺族に対して敬語は使わない。

❸ 通夜ぶるまいの案内

●通夜ぶるまいの用意がある場合は、その旨を伝え、参加を促す。

喪主代理

なお、明日の葬儀・告別式は午前十一時より、当斎場にて執《と》り行います。お時間がございましたら、ぜひご参列いただけますようお願い申し上げます。

故人と母に代わりまして、生前のご厚誼《こうぎ》に心より感謝いたします。

本日は、ありがとうございました。

❹ 葬儀・告別式の案内

● 葬儀の知らせが行き届いていない場合は、ここで案内を入れる。

❺ お礼

● 喪主の立場に立ち、感謝の言葉を述べる。

実例1

喪主代理（親族）

家族を亡くし動揺している喪主に代わって

話し手：兄

故人：弟

本日はご多用のところお集まりいただきまして、誠にありがとうございます。このようにたくさんの方々においでいただき、ごていねいなお悔やみを頂戴しまして、故人もたいへん喜んでいることと存じます。

私は故人の兄にあたります丸山誠一と申します。あいにく喪主である弟の妻が、突然のことで取り乱しておりますので、代わりましてごあいさつを申し上げます。

弔問へのお礼

弟は一昨日早朝、日課の愛犬の散歩に出かけようとしたところで、心不全を起こし、五十三歳の生涯を閉じました。三人の子どもたちもそれぞれ一人前になり、弟は、もうすぐ生まれる孫の顔を見るのが楽しみだと話しておりました。来月生まれる予定の初孫を、せめて一度は抱かせてやりたかったと思うと、残念な気持ちがこみ上げてまいります。

生前、皆様方にはひとかたならぬお世話になり、ありがとうございました。故人に代わりまして厚く御礼《おんれい》申し上げます。

別室にささやかながら酒肴《しゅこう》を用意いたしました。どうぞ故人を偲《しの》んでお召し上がりください。本日はありがとうございました。

故人のエピソード

お礼

通夜ぶるまいの案内

実例2

喪主代理（親族）

子どもを亡くし動揺している喪主に代わって

話し手 おじ

故人 めい

皆様、本日はご多忙の折、またお寒いなかを、故・美樹の通夜《つや》にご弔問くださいまして、誠にありがとうございました。私は故人のおじにあたります佐々木佑介と申します。喪主である私の兄がたいへん動転しておりますので、代わりにごあいさつをさせていただきたく存

弔問へのお礼

じます。

突然のことで、私どもも、まだ驚きが冷めやらぬ気持ちでいっぱいです。美樹は一昨日の夕方、部活動からの帰宅途中に事故に遭《あ》い、病院に搬送されましたが、そのまま帰らぬ人となってしまいました。

享年《きょうねん》十六歳と、短い生涯でした。夏休みに会ったときは、部活動でレギュラーに入ることができたのだと喜んでおりました。これから、いろいろな楽しみがあったでしょう。

なぜあの子が…と思ってしまいますが、それはお集まりの皆様も同じお気持ちでしょう。今はただ、美樹の冥福《めいふく》を祈ってやりたいと存じます。

部活動やクラスメイトの皆さん、先生方など、ここにお集まりの皆様方に、いつも温かく接していただいたおかげで、いつも、あのまぶしいくらいの笑顔を私たちに見せてくれていたのだと思っております。

故人と両親に代わりまして、生前のご厚誼《こうぎ》にあらためてお礼申し上げます。ありがとうございました。

急なことで、心ばかりですが、あちらに食事を用意してございます。お友だちの皆さんのお席も用意してありますので、どうぞお時間の許す限り、故人の霊を慰めていただきたく存じます。本日はありがとうございました。

故人のエピソード
お礼
通夜ぶるまいの案内

実例3
喪主代理
（親族）

高齢の喪主に代わって

話し手
おい

故人
おば

本日は、ごていねいなお悔やみをいただきまして、誠にありがとうございました。私は、故人の甥《おい》にあたります高木久之と申します。

本来は喪主である叔父がここでごあいさつをさせていただくのですが、高齢のため、代わってごあいさつをさせていただく次第です。

このようにたくさんの方々においでいただき、また、入院中にも温かい励ましやお見舞いをいただきまして、故人もたいへん喜んでいることと存じます。叔母に代わりまして、心よりお礼申し上げます。

私が幼い頃、よく叔母の家へ遊びに行き、子どものいない叔母夫婦にずいぶんかわいがってもらった記憶があります。まだ若い叔母に手を引かれてお祭りの縁日に出かけたことなど、今でも昨日のことのように、懐かしく思い出します。

その叔母が、長い入院生活のすえ息を引き取った、と連絡を受けたのは、三日前のことでした。享年《きょうねん》八十三歳、眠るような最期《さいご》だったと聞いております。

弔問へのお礼

故人のエピソード

生前、叔母が、病気になったのはつらいけれど、病気のおかげで夫婦ゲンカがなくなったと言っていたことがあります。その横で苦笑いしていた叔父は、今、最愛の伴侶《はんりょ》を失って言いしれぬ寂しさを感じていることでしょう。皆様には、どうか今後とも、変わらぬご厚誼《こうぎ》を賜《たまわ》りますよう、お願い申し上げます。

ささやかではございますが、別室に酒肴《しゅこう》を用意いたしました。どうぞお召し上がりください。本日はありがとうございました。

通夜ぶるまいの案内

実例4
喪主代理（親族）

年少の喪主に代わって

話し手　兄
故人　妹夫婦

本日はお忙しいところ、また急なことにもかかわらず、故・安岡和史・麻美のために、このようにたくさんの方にお集まりいただき、ごていねいなご弔問《ちょうもん》をいただきまして、誠にありがとうございました。

私は故・安岡麻美の兄にあたります甲野悟と申します。

本来ならば、喪主である甥から皆様にごあいさつをさせていただくところなのですが、喪

弔問へのお礼

主の長男・敬人はまだ年少のため、代わりまして、私からひと言、ごあいさつさせていただきたく存じます。

突然の出来事に、私どもも、まだ信じられない思いでいっぱいですが、妹夫婦は、一昨日の夜、交通事故で帰らぬ人となってしまいました。トンネル内で対向車の前方不注意による、不運な事故でした。

生前から、妹夫婦が皆様方に賜《たま》りましたご厚情《こうじょう》に、深く感謝を申し上げます。

皆様もご存じの通り、故人の長男は中学一年生、次男は小学四年生と、まだまだ親を必要とし、甘えたい年ごろの子どもたちです。この子たちの心中を思うとたいへん不憫《ふびん》でなりませんが、かわいい子どもたちをおいて突然逝《い》った妹夫婦も、どんなにか心残りであったことでしょう。その無念の気持ちが、私自身、一人の子を持つ親としてやりきれません。

しかし運命を恨んではきりがありません。今後はせめて、この子どもたちの力になり、独り立ちするまで、親代わりを務めたいと存じております。どうか皆様、変わらぬご厚誼《こうぎ》を賜《たまわ》りますよう、お願い申し上げます。

心ばかりではありますが、あちらに食事の席を用意いたしました。供養《くよう》になりますので、お時間の許す限り、故人を偲《しの》びながら召し上がっていただきたいと存じます。

本日はありがとうございました。

弔問へのお礼
故人のエピソード
お礼
通夜ぶるまいの案内

実例5
社葬での葬儀委員長

故人の業績をたたえて

話し手　役員
故人　社長

本日はご多用中のところ、またお寒いなか、株式会社ツバサ産業代表取締役社長、故・島本泰吉殿の通夜《つや》にご弔問《ちょうもん》いただきまして、誠にありがとうございました。私は葬儀委員長の関原輝一と申します。ご遺族、ご親族の方々になり代わりまして、厚く御礼《おんれい》申し上げます。

島本社長は、この秋より、静岡の田原海浜病院にて療養《りょうよう》中でありましたが、十二月十六日、午前五時二十五分、ご家族の見守られるなか、六十八歳の生涯を閉じられました。

皆様より生前賜《たまわ》りましたご厚誼《こうぎ》に、故人に代わりまして深く感謝いたします。

島本社長は、地元の静岡商科大学を卒業後、先代社長の強い意向を受け、ツバサ産業に入社されました。十年前、代表取締役社長に就任、その手腕と先見の明で、着実に業績を上げてこられました。特に、営業部統括時代に立ち上げた新事業部は、現在のツバサ産業の根幹《こんかん》をになう事業にまで成長しました。島本社長を失ったことは、社にとって、あまりにも大きな痛手でありますが、私ども社員一同は、社長の築いてこられた実績を汚すことのないよう、まい進していくことが、島本社長への供養《くよう》になると思っております。

弔問へのお礼　お礼　故人のエピソード

なお、本葬は明日午前十一時から、広隆寺にて社葬をもちまして執《と》り行います。ご都合がつきましたら、ぜひご列席いただきたいと存じます。

別室に、心ばかりのお食事を用意いたしました。お時間の許す限りくつろいでいただければと存じます。

本日はありがとうございました。

葬儀・告別式の案内

通夜ぶるまいの案内

実例6

社葬での葬儀委員長

故人の人柄にふれて

話し手　上司

故人　部下

本日はご多用のところ、また急なことにもかかわらず、故・平田正三君のためにお集まりいただきまして、誠にありがとうございます。

私は、葬儀委員長を務めさせていただいている、清水尚昌と申します。故人の勤務先であった株式会社サンサービスで、専務取締役をしております。ご遺族に代わりまして、皆様のご参列に心より感謝申し上げます。

弔問へのお礼

皆様すでに新聞などでご存じかと存じますが、平田君は一昨日早朝の技術実験中の事故で、他界《たかい》いたしました。享年《きょうねん》三十八歳でございました。

入社以来十六年間、平田君は技術開発担当者として我がサンサービスにとって、かけがえのない人材でした。日進月歩の業界にあって、常に新しい技術の研究を怠らない、有能な人材を失った穴は、あまりにも大きいと言わざるを得ません。

仕事面はひたむきで几帳面、素顔では温和な平田君は、多くの人に好かれる存在で、職場の精神的支柱の一つでもありました。彼を失って、社員一同大いにショックを受けておりますが、それだけに、小さいお子さんとともに残されたご遺族のご胸中《きょうちゅう》は、いかばかりかと存じます。今後もどうか変わらぬご厚誼《こうぎ》をお寄せくださいますよう、私からもお願い申し上げます。

別室にささやかながら酒肴《しゅこう》を用意いたしました。どうぞ故人を偲《しの》んでお召し上がりください。本日はありがとうございました。

故人のエピソード

通夜ぶるまいの案内

通夜ぶるまい終了時のあいさつ

あいさつの心得

通夜《つや》ぶるまいとは、供養《くよう》、お清め、弔問《ちょうもん》への感謝の意味を兼ねて、通夜のあとに催される簡単な食事会のことです。喪家《そうか》側が弔問客をもてなします。昔は精進《しょうじん》料理《りょうり》とお酒が振る舞われていましたが、現在は精進料理にこだわる慣習はありません。

通常、通夜ぶるまいは、弔問者の疲れに配慮して、一〜二時間ほどでお開きにするものです。時間が来たら、喪主か世話役があいさつし、お開きを促しましょう。その際、長々と話し過ぎないよう注意します。

また弔事では、喪主が弔問者を見送ることはタブーとされています。あいさつの最後に、見送りに代わるひと言を添えるといいでしょう。

あいさつのしかた

故人の話などを交えつつ、弔問への感謝を述べ、通夜ぶるまいの終了を促します。

あいさつを締める前に葬儀・告別式の日程の知らせと、弔問者の帰途に対して気遣いのひと言を入れます。

あいさつの基本構成

1. **弔問へのお礼**
↓
2. **通夜ぶるまい終了の案内**
↓
3. **葬儀・告別式の案内**
（通夜で伝えた場合などは省略することもある）
↓
4. **結びの言葉**

基本文例

一般的なあいさつ

喪主

皆様、本日は突然のことにもかかわらず、父の通夜《つや》にご参列くださいまして、ありがとうございました。

こんなに心のこもったお通夜をしていただき、故人もさぞ喜んでいることと存じます。故人に代わり、厚くお礼申し上げます。

故人を偲《しの》ぶ話はつきませんが、夜も更《ふ》けて参りました。本日はこのあたりでお開きとさせていただきたく存じます。

本日は誠に、ありがとうございました。

本日はご多用のなか、母の通夜《つや》にお越しいただきありがとうございました。皆様のおかげで、滞《とどこお》りなく通夜を済ませることができました。さて、夜も更けて参りましたので、これよりは私どもでお守りいたします。本日はありがとうございました。

●弔問者に伝えるべきことは、第一に感謝の気持ち。
●「これよりは私どもでお守りいたします」「これにて閉めさせていただきます」など、終了の言葉を述べる。

基本文例

喪主

故人への厚誼に感謝して

皆様、本日はありがとうございました。

おかげさまで、通夜《つや》の儀式も滞《とどこお》りなく終えることができました。皆様から故人を偲《しの》ぶ話を伺いまして、生前、故人が皆様とどれだけ親しくおつき合いさせていただいたか、あらためて知ることができました。皆様には心からお礼申し上げます。少なからず動転しておりました私の気持ちも、だいぶ落ち着いて参りました。

もっとお話を伺っていたいところではございますが、あまり遅い時間までお引きとめしてしまうのもいけませんので、本日は勝手ながら、このあたりで閉じさせていただきます。

なお、葬儀・告別式は、明日十時から東部斎場にて執り行います。ご都合がよろしければ、ご参集いただければと存じます。

本日はありがとうございました。

●生前の厚誼への感謝の気持ちや、喪主自身の現在の心境などをひと言添えると、心のこもったあいさつになる。

基本文例

弔問者の帰路を気遣って

喪主

本日はお寒いところ、またお足元も悪いなか、ありがとうございました。行き届かない点もあったと存じますが、皆様のおかげをもちまして、滞《とどこお》りなく通夜《つや》を終了させていただくことができました。

遠方《えんぽう》よりお運びいただいた方も大勢いらっしゃり、皆様の温かいお志《こころざし》に、故人もさぞ喜んでいることと存じます。

夜も更《ふ》けて参りました。ごゆっくりしていただきたいところですが、明日は、故人の葬儀・告別式が控えております。誠に勝手ではございますが、本日はこのへんでお開きにさせていただきたいと存じます。

玄関前が雨で滑りやすくなっておりますので、どうぞお気をつけてお帰りくださいませ。

なお、明日の葬儀・告別式は午後一時より予定しております。お時間が許すようでしたら、ご会葬《かいそう》いただければ幸いです。

●悪天候の場合は「お足元の悪いなか」など、弔問客を気遣うひと言を添える。

基本文例

親族のあいさつ

喪主代理

親族代表として、ひと言ごあいさつ申し上げます。本日は突然のことにもかかわらず、叔母の通夜《つや》にご参列くださいまして、ありがとうございました。こんなにたくさんの方においでいただき、故人もさぞ喜んでいると存じます。また、喪主もさぞ心強く感じていることでしょう。故人と喪主に代わりまして厚くお礼申し上げます。

夜も更《ふ》けて参りましたので、これよりは私どもにてお守りいたします。どうかお足元に気をつけてお帰りください。本日は誠にありがとうございました。

●「親族を代表しまして」など、自分の立場を述べる言葉を入れるとよい。

本日はお寒いなか、ご列席いただきまして誠にありがとうございました。おかげさまをもちまして、兄・正裕の通夜《つや》も無事に済ますことができました。遺族を代表いたしまして、厚くお礼申し上げます。

お話はつきませんが、夜も更《ふ》け、ずいぶんと冷え込んで参りました。遠方《えんぽう》よりお越しいただいた方もいらっしゃると存じますので、このへんでお開きにさせていただきたいと思います。

なお、明日は午後一時より、自宅にて葬儀・告別式を執《と》り行います。よろしければ、ご参列いただきますと幸いです。本日はありがとうございました。どうぞお気をつけてお帰りください。

基本文例

世話役代表のあいさつ

喪主代理

世話役を代表し、私、吉村からごあいさつ申し上げます。

本日はお忙しいなか、たくさんの方にお集まりいただきまして、誠にありがとうございました。おかげさまをもちまして、滞《とどこお》りなく通夜《つや》を終えさせていただくことができました。遺族に代わりまして、心よりお礼申し上げます。

故人を偲《しの》ぶ話はつきませんが、夜も更《ふ》けて参りましたので、このあたりでお開きとさせていただきたいと存じます。

なお、葬儀は明朝十時より自宅にて執《と》り行います。ご都合がよろしければぜひご会葬《かいそう》ください。本日は誠にありがとうございました。

●「世話役から」と、はじめにひと言述べるとともに、「遺族に代わりまして」「喪主に代わりまして」などの言葉を添える。

葬儀・告別式でのあいさつ

●喪主のあいさつ
→P67
●喪主代理のあいさつ
→P86

あいさつの心得

もともと葬儀は、故人に近しい人たちが行う宗教的要素の強い儀式で、告別式は、多くの人に故人との最後のお別れをしてもらうための場でした。かつては、日を変えて行うのが一般的でしたが、近年は同じ日に続けて行うことが多くなり、そのため、あいさつも告別式のあとに一回という形式が主流のようです。

通夜《つや》と同様に、僧侶が退場したあとに喪主があいさつをします。遺族代表として、また故人の代理として、参列者に感謝の気持ちを伝えることを第一に考えましょう。通夜のときと似たような内容になりがちですが、通夜に参列できなかった人もいるので、死因や最期《さいご》の様子などは手短に話すといいでしょう。

あいさつのしかた

話の中心は「参列・生前の厚意への感謝」「今後の厚誼《こうぎ》のお願い」となります。故人の生前のエピソードを交えてもよいでしょう。話が長くならないように注意します。

あいさつの基本構成

1. 参列への感謝
↓
2. 故人の最期のようす
↓
3. 故人のエピソード
↓
4. 生前の厚意への感謝
↓
5. 今後の支援のお願い

基本文例

喪主の一般的なあいさつ

喪主

故人の長男の山田孝治と申します。遺族を代表いたしまして、ひと言ごあいさつ申し上げます。

本日はお暑いなか、父・雄治の葬儀ならびに告別式にご参列くださいましてありがとうございます。おかげさまをもちまして、滞《とどこお》りなく式を済ませることができ、こうして出棺《しゅっかん》の運びとなりました。

父は去る九月十三日、午後二時二十八分に入院先の病院で息を引き取りました。享年《きょうねん》七十八歳でした。

厳格な父でしたが、孫たちに囲まれたときの笑顔は本当に優しいものでした。まだまだ長生きをしてほしかったと悔やまれもしますが、家族みんなで最期《さいご》を看取《みと》ることができたのが、せめてもの慰《なぐさ》めでございます。

父の存命《ぞんめい》中、お世話になった皆様、深く感謝いたします。

また、父の入院中にさまざまなご支援をいただきました皆様には、この場をお借りいたしまして厚くお礼申し上げます。

❶ 参列への感謝
- 最初に故人との関係がわかるように、簡単に自己紹介をする。
- 天候があまり良くない場合は、そのことにもふれる。

❷ 故人の最期のようす
- 死因や最期の様子について、手短に話す。

❸ 故人のエピソード
- 遺族として、素直な心情を伝えてもよい。

❹ 生前の厚意への感謝
- 故人や遺族の立場で、感謝の意を伝える。

今後とも、父の生前同様に変わらぬご厚誼《こうぎ》を賜《たまわ》りますよう、どうぞ
お願い申し上げます。
本日は誠にありがとうございました。

❺ 今後の支援のお願い

●遺族への変わらぬ厚誼や支援をお願いし、結びの言葉とする。

実例1

喪主

参列者へ感謝を込めて短めに

話し手　子

故人　親

ご参列の皆様、本日は母・下条真理のためにご会葬《かいそう》いただき、ありがとうございました。

おかげさまをもちまして、式を滞《とどこお》りなく終えることができました。

謹《つつし》んでお礼申し上げます。

今後は遺《のこ》された家族一同、力を合わせて生きていく所存でございますので、故人の生前同様のご指導、ご厚誼《こうぎ》をいただけましたら、幸いです。

本日は誠にありがとうございました。

参列への感謝

今後の支援のお願い

実例2
喪主

今後の支援を請う

話し手　妻
故人　夫

皆様、本日はお忙しいところ、夫・中沢芳雄の葬儀ならびに告別式にご参列いただきましてありがとうございます。私は妻の中沢佳子でございます。遺族を代表いたしまして、ひと言ごあいさつ申し上げます。

おかげさまをもちまして、葬儀・告別式も滞《とどこお》りなく終わり、出棺《しゅっかん》の運びとなりました。故人になり代わりまして、御礼《おんれい》申し上げます。

夫は三日の夜、自宅で急に倒れました。すぐに病院に運びましたが、くも膜下出血ということで、そのまま意識が戻ることなく翌四日に逝《い》ってしまいました。あまりの突然の出来事に、私ども遺族もたいへん動揺し、また非常に悲しい気持ちで胸がつまるばかりでございます。本当に本当に、残念でなりません。

しかし、今後は遺《のこ》された家族一同、力を合わせて夫の分も生きていく所存でございます。どうぞ今後も、夫同様に私ども遺族に対しまして変わらぬご支援、ご指導をいただけますと幸いでございます。本日は最後までお見送りいただきまして、本当に、ありがとうございました。

参列への感謝　故人の最期のようす　今後の支援のお願い

実例3
喪主

死因にふれて

話し手
夫

故人
妻

遺族を代表してひと言ごあいさつ申し上げます。

私は故人の夫の谷村卓でございます。本日はお忙しいなか、妻・有子のためにご参列いただきまして、誠にありがとうございました。おかげさまで式もつつがなく終了いたしまして、出棺《しゅっかん》の運びとなりました。

故人も草葉《くさば》の陰で喜んでいることと存じます。

妻は一昨日、十月二十五日の午後九時十七分、入院先の病院にて家族の見守るなか、永眠《えいみん》いたしました。享年《きょうねん》五十三歳でした。

一年前に胃がんと診断されるまでは、非常に元気に過ごしておりました。少し体重が落ち始め、ときおり体調が悪くなるということで病院に行きましたところ、がんで余命半年と診断されました。

突然のことで動揺もいたしましたが、それでもこの一年間、最後まで前向きに明るくがんばってくれました。成人した二人の子どもとともに、私たち家族も、心残りのないよう看病ができたことは、幸せだったと思います。今は妻に、感謝の気持ちでいっぱいでございます。

参列への感謝

故人の最期のようす

故人のエピソード

入院中には、多くの方にお見舞いをいただきありがとうございました。故人に代わりまして、厚く御礼《おんれい》申し上げます。

今後とも、故人の生前同様、皆様の変わらぬご厚情《こうじょう》を賜《たまわ》りますようお願い申し上げます。

本日はありがとうございました。

生前の厚意への感謝

今後の支援のお願い

実例4

喪主

故人の晩年を紹介しながら

話し手
子

故人
親

皆様、本日は父・並木大輔の葬儀ならびに告別式にご参列いただきまして、誠にありがとうございます。私は長男の敬輔と申します。遺族を代表いたしまして、ひと言ごあいさつさせていただきます。

父は二日前の七月五日午前十時三分、かねてより病気療養《りょうよう》中でありました病院で、永眠《えいみん》いたしました。享年《きょうねん》七十八歳でございました。

参列への感謝

故人の最期のようす

父は一昨年、私の母であります妻の咲子をがんで亡くしました。父が定年退職して以来、どこに行くのも一緒だった二人だけに、その寂しさは私たちの想像以上のものだったのではないかと思います。

しかし、一時期は元気を取り戻しまして、お仲間の皆様が趣味の登山に誘ってくださると、「山登りの準備はたいへんなんだ」と言いながらも、楽しそうに荷作りしている姿を見せてくれ、私たちも安心しておりました。家でも、読書をしたり、慣れない料理を始めたりと、充実した毎日を過ごしていたのではないでしょうか。私どもが同居を勧めましても、一人のほうが気楽だと、どうしても首を縦に振らなかったばかりでなく、「たまには俺の料理を食べにこい」と言って、ときどき手料理をふるまってくれたほどでした。

そんな父でございましたが、三か月前、目まいが続くといって病院で検査をし、その日に病気が判明して入院となりました。そして今、治療の甲斐《かい》なく、あっという間に逝《い》ってしまいました。

遺《のこ》された者としては寂しい気持ちでいっぱいですが、反面、今頃仲のよかった母と再会しているかと思うと、少しは慰めになります。

皆様には、父の生前同様のご厚誼《こうぎ》を賜《たまわ》れば幸いです。

本日はありがとうございました。

今後の支援のお願い

故人のエピソード

実例5
喪主

生前の厚誼に感謝を込めて

話し手
妻

故人
夫

ひと言ごあいさつ申し上げます。私は故人の妻の裕子でございます。

皆様、本日は夫・及川清のためにお集まりくださりありがとうございました。おかげさまでつつがなく、葬儀・告別式を行い、出棺《しゅっかん》の運びとなりました。謹《つつし》んでお礼申し上げます。

夫は三日、午後二時五分、入院中の病院で息を引き取りました。享年《きょうねん》六十九歳でした。

現役時代は仕事一筋の人で、単身赴任の時期も長くありました。それが定年後は、庭いじりを趣味にし、我が家の猫の額ほどの庭を、季節の花で色とりどりに飾ってくれました。近所の方々や遊びにきてくださるご友人の皆様にお褒めの言葉をいただくたびに、次の庭作りの計画を熱心に聞かせてくれたものです。

ひとえに、生前の皆様の温かいご厚情《こうじょう》が、夫の第二の人生を充実したものにしてくださったと思っております。故人に代わりまして、心より厚くお礼申し上げます。

皆様には、本当にお世話になりました。最後に、皆様のご健康とご長寿をお祈りし、お別れの言葉とさせていただきます。ありがとうございました。

参列への感謝
故人の最期のようす
故人のエピソード
生前の厚意への感謝

実例6

喪主

故人の人柄にふれて

話し手
夫

故人
妻

本日はたいへんお忙しいなか、妻・杉本やよいの葬儀ならびに告別式にご参列いただきまして、ありがとうございます。私はやよいの夫の杉本佳史と申します。遺族を代表いたしまして、お礼を申し上げるとともに、ひと言ごあいさつ申し上げます。

皆様すでにご存じかとは思いますが、妻は四月八日、買い物に行く途中に車にはねられ、そのまま搬送先の病院で亡くなりました。享年《きょうねん》四十六歳でございました。何しろ突然のことで、私どももまだ信じられない思いでございます。

妻は明るい性格でございました。いつも子どもたちと笑っておりました。おしゃべりで、ちょっとおっちょこちょいで、でもそんな自分を特に気に病むではない、おおらかな性格でいつも周囲を楽しませてくれました。とても料理上手だった妻のカレーがもう食べられないのだなぁと思いますと、それだけで悲しみが込み上げて参ります。

私と、まだ中学生の息子二人、男三人が遺《のこ》されてしまいました。家の中のことはわからないことばかりで、妻亡き今、どうやって暮らそうかと悩んでいるところです。しかし、いつ

参列への感謝

故人の最期のようす

故人のエピソード

までも泣いていては、妻も安心できないでしょう。なんとか力を合わせて生きていきたいと思っております。

妻も、こんな形で皆様とお別れすることをさぞ残念に思っていることでしょう。どうぞ皆様も、最後は笑って送っていただけましたら本人も喜ぶと思います。

今後とも、やよいの生前同様にご厚情《こうじょう》を賜《たまわ》りますよう、お願い申し上げます。

本日は最後までおつき合いいただき、ありがとうございました。

今後の支援のお願い

実例7
喪主

跡継ぎの決意を表明して

話し手　子
故人　親

遺族を代表いたしまして、ごあいさつさせていただきます。

私は故人の長男であります渋谷聡と申します。本日は父・渋谷大二郎の葬儀ならびに告別式に、ご多忙のところ多数参列いただきましてありがとうございました。皆様のおかげで、葬儀・告別式もつつがなく終え、出棺《しゅっかん》の運びとなりました。

参列への感謝

父が倒れましたのは、ちょうど一週間前のことでございます。会議の途中で、急に苦しみ出したと聞いております。すぐに病院に運ばれましたが、脳梗塞ということでそのまま意識が戻ることなく、一昨日の二月二十六日に永眠《えいみん》いたしました。

それまでとても元気で、精力的に会社経営に取り組んでおりましたので、私たち遺族は今だに父が亡くなったなど実感できません。しかし、会社をとても愛し、従業員の皆様や顧客の皆様を大切に考えてきた父のことを思いますと、私たちがぼんやり父との思い出にふけっている暇はないように思われます。

父が会社を立ち上げましたのは、三十二歳のときです。以来、何度か試練もあったと聞いておりますが、皆様のご指導、ご鞭撻《べんたつ》のおかげで、今日までくることができたと存じます。再来年には創業四十年を迎え、それまでは現役でがんばると申していたばかりです。このような父の思いを無駄にしないためにも、私がそのあとをしっかり守って行こうと決意した所存でございます。

今後も父の生前同様、皆様にはご支援・ご協力を賜《たまわ》りたく存じます。まだ若輩者《じゃくはいもの》ゆえに、いたらぬことも多いと思いますが、何とぞよろしくお願い申し上げます。本日は、本当にありがとうございました。

故人の最期のようす

故人のエピソード

今後の支援のお願い

実例8
喪主

故人との思い出を懐かしんで

話し手
親
故人
子

本日は娘・西沢奈美の葬儀・告別式にご参列いただきまして、ありがとうございます。私は父の正俊でございます。遺族を代表いたしまして、お礼を申し上げるとともに、ひと言ごあいさつさせていただきます。

奈美は私どもの一人娘でございました。私たち夫婦がテニスを縁に知り合って結婚し、その後もずっと共通の趣味として続けていたこともあり、娘も小さい頃からテニスの大好きな、元気な女の子でした。小さな身体に似合わない大きなラケットを持って走り回っていた姿を、今でも昨日のことのように思い出します。

中学・高校時代もテニス部に所属し、いつも日焼けで真っ黒になっておりました。明るく友だちも多かったように思います。大きくなるにつれ、一緒に過ごすことも少なくなりましたが、それでも、私や妻の誕生日にはプレゼントを欠かさない、優しい娘でした。

子どもの頃から病気一つしたことがなかったのに、大学卒業間近のある日、体調を崩して病院に運び込まれました。病名は悪性のリンパ腫でした。若いこともあり進行も早く、三月二十五日にとうとう永眠《えいみん》してしまったのです。

参列への感謝
故人のエピソード
故人の最期のようす

これまで娘を支えてくださり、お見舞いにも来てくださった友人の皆さん、先生方、皆様、本当にありがとうございました。短い生涯でしたが、奈美は幸せだったと思います。皆様との思い出の品をたくさんお棺に入れました。これで、寂しくないだろうと思います。
最後になりましたが、皆様のご健康とご多幸《たこう》をお祈り申し上げます。
誠にありがとうございました。

生前の厚意への感謝

実例9

喪主

故人の人生を振り返って

話し手　子

故人　親

遺族を代表いたしまして、ごあいさついたします。私は故・杉村民恵の長女の中村洋子と申します。本日は母の葬儀・告別式にご参列いただきましてありがとうございました。おかげさまで滞《とどこお》りなく式を終えることができました。

参列への感謝

母は九月十一日、入居しておりました特別養護老人ホームで、老衰《ろうすい》により永眠《えいみん》いたしました。享年《きょうねん》八十八歳でございました。

故人の最期のようす

二十五年前に父が他界《たかい》しましてから、一時期の母は寂しさのあまりに元気をなくしておりました。しかし、一年後あたりから徐々に元気を取り戻し、社交ダンスを始めて毎週三回もレッスンに通っておりました。パーティーや発表会にも参加しており、またそれらのお仲間の皆さんと、よく旅行に出かけていたものです。

一方で、私と妹、弟のところの七人の孫をとても愛してくれました。孫たちも、おばあちゃんのダンスの話や旅行の話をとても楽しみにしておりました。

身体が不自由になり始めた三年前、母は自分で決めて特別養護老人ホームに入居いたしました。ここ一年は身体もほとんど動かせず、意識もないような状態でしたが、それでも、ときおり見せる笑顔は昔のままでした。そして一昨日、大きく苦しむこともなく、まるでロウソクの火が静かに消えるように、安らかに永眠《えいみん》いたしました。

本当に母は、天寿《てんじゅ》を全《まっと》うした、幸せな人だったのではないかと、私たちきょうだいは話しております。

皆様には母がお世話になり、本当に感謝しております。

今後も母の生前と変わらず、ご厚誼《こうぎ》を賜《たまわ》りますよう、お願い申しあげます。ありがとうございました。

故人のエピソード

今後の支援のお願い

実例10

喪主

子どもに先立たれた無念を語って

話し手
親

故人
子

皆様、本日はご多忙のなか、娘・瑠璃の葬儀・告別式にご参列いただき、ありがとうございます。私は父親の中山正則と申します。遺族を代表いたしまして、ひと言ごあいさつさせていただきます。

皆様ご存じのことと存じますが、娘・瑠璃は九月十日、学校からの下校途中に乗用車にひかれました。救急車が現場に駆けつけたときには意識不明の状態だったそうです。搬送先の病院で三日間生死の淵をさまよいましたが、九月十三日に力尽きてしまいました。

瑠璃は私どもの末の娘で、本当に可愛い子どもでした。甘えん坊のところもありましたが、いつもいろいろな話をして笑わせてくれました。絵が上手で、先日の妻の誕生日には似顔絵を描いてプレゼントしていました。次はお父さんの誕生日に、と約束していたのに、それもかなわないのだなぁ……と思うと残念で残念でなりません。

小学校に行くのを楽しみにしていて、入学してからも学校が楽しくて仕方ないといつも言っていました。そんな娘が、学校からの下校途中で車にひかれるなんて、私たち家族には、

参列への感謝

故人の最期のようす

故人のエピソード

たいへん悔しいことであり、瑠璃自身も無念であったことでしょう。

心の整理がつくまで、しばらく時間がかかりそうです。最後になりましたが、皆様、生前の瑠璃にご厚情《こうじょう》をいただき、ありがとうございました。これで、お別れの言葉に代えさせていただきます。

生前の厚意への感謝

実例11
喪主

死が受け入れ難い心境を伝えて

話し手　妻
故人　夫

皆様、本日はご多忙のなか、夫・佐藤泰弘の葬儀・告別式にお集まりいただきましてありがとうございます。おかげさまをもちまして、つつがなく式を執《と》り行うことができ、出棺《しゅっかん》の運びとなりました。

夫は八月一日の朝、いつも通りに会社に出掛けて行きました。午後、なにげなくテレビを観ておりましたら地下鉄火災のニュースが速報で流れたのですが、私はあまり気にしておりませんでした。ところが、突然警察の方から電話があり、主人が病院に収容され重体である

参列への感謝

故人の最期のようす

と聞かされたのです。病院に駆けつけたときには、すでに主人は亡くなっておりました。なぜこんなことになってしまったのか、考えれば考えるほど、割り切れない悔しさと悲しさでいっぱいになります。あまりに突然のことのため、正直なところ、今はまだ夫の死を実感できていない状況でございます。

しかし、さきほどから皆様には心のこもったお言葉を掛けていただき、本当にありがたいと感じております。これからは、遺された二人の子どもをなんとか育てていきたいと思います。皆様には、夫の生前同様にご指導・ご支援いただきますようお願い申し上げます。本日は誠にありがとうございました。

故人の最期のようす

今後の支援のお願い

実例12

喪主

生前のエピソードを交えて

話し手 親

故人 子

本日は息子の藤本信吾の葬儀ならびに告別式にご会葬いただきまして、ありがとうございます。このようにたくさんの方にご焼香《しょうこう》いただき、また心のこもった弔辞《ちょうじ》もいただきましたこと、深く感謝いたします。信吾も、たいへん喜んでいることと存じます。

参列への感謝

信吾は生まれつき、心臓に病気を持っておりました。産まれたときには医師から、十歳まで生きられれば良いほうだろうと言われたのです。小学校の頃には体も弱く、学校も休みがちだったのですが、先生方のご尽力《じんりょく》の賜物《たまもの》で、少しずつ体も強くなっていきました。そして幸い、高校に入学することができたのです。

息子にとって、高校生活は非常に楽しかったようです。仲の良い友人に囲まれて、毎日いきいきと過ごしているのが親の目にもよくわかりました。二年生の修学旅行のときには、私たちと離れて四泊もするのは初めてだったのでたいへん心配いたしました。あれやこれやと言う私たちに、息子のほうが心配し過ぎだと怒ったものです。

冬になって入院したときも、彼は病院で一所懸命勉強していました。皆さんと一緒に三年生になるんだと、自分に言い聞かせていたようです。また修学旅行のときの写真を病室に飾り、皆さんのことをよく看護師さんに話していた姿も思い出されます。

皆さん、信吾の人生をとても実りあるものにしていただいて、本当にどうもありがとうございました。心から感謝いたします。

どうか皆さん、ときには信吾のことも思い出してください。最後になりましたが、皆さんの今後のご健康とご多幸《たこう》をお祈りいたします。今日は本当にありがとうございました。

生前の厚意への感謝

故人のエピソード

実例13

喪主

故人の生前に感謝をして

話し手
夫

故人
妻

本日はご多用のところ、またお暑いなかを、妻・真紀子のためにご会葬《かいそう》くださいまして、ありがとうございました。おかげをもちまして、葬儀も滞《とどこお》りなくすみました。皆様方のあたたかいお心に見送られて、妻もきっと喜んでいると存じます。

妻は昨年春の健康診断で胃がんが見つかり、すぐに手術をしていただきましたが、そのときには、肝臓への転移もすすんでいたようでした。二度目の手術のあとは、家族みんなで回復を祈っておりましたが、三月十二日に永眠いたしました。享年《きょうねん》六十五歳でした。

三十五年前、私が仕事をやめて自分の店を持ちたいと相談したとき、妻は、なんの反対もなく「なんとかなるんじゃない。やってみたら」と背中を押してくれました。そして、皆様もご存知のように、気さくで豪快な性格の妻は、この三十年間、わがままな私と小さな店を本当によく支えてくれました。

私は口下手を理由に、お客様のお相手は妻に任せきりでしたが、その妻の明るさを慕って、店に通ってくださるお客様がおおぜいいました。妻が入院してからも、たくさんのお見舞い

参列への感謝

故人のエピソード

をいただき、妻も私もどれほど励まされたことか……。この場をお借りして、心より感謝申し上げます。

あの妻のあっけない賛成がなかったら、私はこうして皆様に愛してもらえる店を出すことはなかったでしょう。私の人生は妻とともにありましたし、あの店の本当の店主は妻だったと思います。

今は本当に寂しい気持ちでいっぱいですが、今後は、妻が育ててくれた店を1日でも早く再開できるよう立ち直っていかねばと思うばかりでございます。

どうか皆様には、妻の生前同様、変わらぬご支援、ご厚情《こうじょう》をいただけますようお願い申し上げます。本日は誠にありがとうございました。

今後の支援のお願い

こんなとき どう言う？

火葬場でのもてなしかた

火葬場では、最後のお別れをしたあと、お骨上げまでの間の待ち時間は、スタッフの指示に従って待ちます。時間帯によっては、軽食や飲み物などを出してもてなすといいでしょう。施設によっては喫茶室などを設けているところも多くあります。

「どうぞ皆様、あちらの部屋で簡単な茶菓の用意をしております。少しの時間、お休みください」

基本文例

喪主代理の一般的なあいさつ

喪主代理

本日は、故・竹本雅美の葬儀・告別式に多数ご列席賜《たまわ》りまして、厚く御礼《おんれい》申し上げます。本来なら、喪主でありますす娘の麻子がごあいさつ申し上げるべきところではございますが、体調を崩しているため、故人の兄である私が代わりましてごあいさつ申し上げます。

妹は、十月二日午前六時四分、入院中の山崎病院でにて永眠《えいみん》いたしました。享年《きょうねん》六十三歳でございました。

昨年二月、健康診断でがんが見つかり、入院することになりました。最初の手術は成功ということで私どもも安心をしていたのですが、半年後に再発し、それからは瞬く間のような出来事でした。

皆様もご存知のように、妹は一人娘の麻子との母子家庭でした。苦労も多かったと思いますが、私ども兄弟にも弱音をはかず、麻子を立派な女性に育て上げました。姉妹のように仲のよかった二人です。成人したとはいえ、娘を一人遺《のこ》して逝《い》くのは無念だったでしょう。麻子の花嫁姿も見たかっただろうと思うと、早すぎる死が残念です。

❶ 参列への感謝

●会葬へのお礼を述べ、代理であること、故人との間柄を伝える。

❷ 故人の最期のようす

●亡くなった日時や場所、死因などを報告する。症状の経過などを手短かに伝えてもよい。

❸ 故人のエピソード

●生前の様子、あいさつする人の気持ちなどを述べる。

故人の生前中は、皆様方にひとかたならぬご厚情《こうじょう》を賜《たまわ》りまして、心よりお礼申し上げます。

遺族にも、生前同様のご厚誼《こうぎ》をお願い申し上げて、ごあいさつに代えさせていただきます。ありがとうございました。

④ 生前の厚意への感謝

●あいさつする人の立場で、感謝の意を表する。

⑤ 今後の支援のお願い

●遺族への支援をお願いして結びの言葉とする。

実例1

喪主代理（親族）

体調を崩した喪主に代わって

話し手 兄

故人 弟

皆様、本日は故・福田征治の葬儀・告別式にご参列いただきまして、ありがとうございました。おかげさまで滞《とどこお》りなく式を終え、出棺《しゅっかん》の運びとなりました。

私は征治の兄の亮治と申します。本来ならば喪主である征治の妻の淳子がごあいさつ申し上げるところですが、体調を崩しておりますので代わってごあいさつさせていただきます。

征治は三年ほど前から腎臓を悪くし、入退院を繰り返して参りました。一時期は快方に向かい、職場にも復帰しておりましたが三か月前に再び倒れました。そしてとうとう一昨日の七月二日、入院先の山口病院で永眠《えいみん》いたしました。享年《きょうねん》三十五歳でした。

参列への感謝

故人の最期のようす

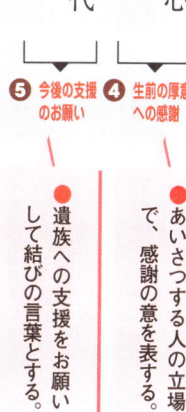

入院中も、いつも妻と小学校に入学したばかりの娘のことを気にかけている弟でございました。そんな征治のことを思うと、最愛の二人を遺《のこ》して逝《い》く無念はいかばかりかと、胸が締めつけられるようでございます。今後は弟の遺志を継ぎ、私たちが二人を支援しつつ見守って行く所存でございます。

皆様方には、征治の生前よりお世話になり、深くお礼申し上げます。今後もこれまで以上に、ご厚誼《こうぎ》・ご支援を賜《たまわ》りますようお願い申し上げます。

本日は本当に、ありがとうございました。

故人のエピソード

今後の支援のお願い

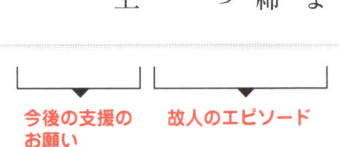

実例2

喪主代理（親族）

子どもを亡くし動揺している喪主に代わって

話し手 おば

故人 おい

本日は突然のことにもかかわらず、ご会葬《かいそう》いただきまして、ありがとうございました。私は喪主・高橋久美の姉の斎藤真理と申します。妹は、突然のことに動揺し、ごあいさつができるような状態ではございませんので、私が代わりを務めさせていただきます。

おいの恭輔は七月九日、不慮の事故により命を落としました。

恭輔は三年前に父親を病気で亡くし、母親と二人で暮らして参りました。妹は仕事がございますので、私も時々保育園の迎えや留守番などに行きましたが、とても人懐っこく可愛いらしい子どもでした。さぞ寂しいときもあっただろうと思いますが、そういう顔はほとんど見せず、いつも母親を気遣かっていたのを思い出します。

本当に残念でたまりません。代われるものなら代わってあげたい、そんな気持ちでいっぱいです。せめてあの世では、いつも笑っていて欲しい、そう願ってやみません。

生前、恭輔に良くしてくださった皆さん、本当にお世話になりました。感謝の意を表してごあいさつとさせていただきます。本日は本当に、ありがとうございました。

参列への感謝

故人のエピソード

生前の厚意への感謝

実例3
喪主代理
（親族）

高齢の喪主に代わって

話し手
義息子

故人
義父

故・船橋栄之助の長女の夫の飯塚大樹と申します。本来ならば喪主である義母《はは》がごあいさつすべきですが、高齢のため私が代わりましてごあいさつさせていただきます。

皆様、本日は義父《ちち》の葬儀・告別式に多数ご会葬《かいそう》くださいまして、ありがとうございました。また、心温まる弔辞《ちょうじ》もいただき、義父もさぞよろこんでいることと存じます。

義父は去る十二月九日午前十一時五分、心不全のために急遽、搬送された西岡病院で他界《たかい》いたしました。享年《きょうねん》八十六歳でございました。自宅で倒れましてから亡くなるまでわずか一日という、非常にあっという間の最期《さいご》でございました。

ここ数年、義父の生活は、床につくことが多くなってしまった義母の看病が中心になっていました。私の妻や妻の妹が引き受けると申しましても、「これまで苦労をかけてきたのだから」と、譲らなかったようでございます。こうなってしまったあとに申し上げても仕方のないことですが、もしもっと早く私たちが義母の看病を手伝っていたら……そう思うにつれ、悔しさと寂しさがこみ上げてまいります。

参列への感謝

故人の最期のようす

故人のエピソード

今後は、義父の供養《くよう》の気持ちもこめまして、私たち遺族が義母の介護に尽くしていく所存でございます。義父の生前同様、皆様にもご支援をお願いすることもあるかとは存じますが、今後も何とぞよろしくお願い申し上げます。本日はありがとうございました。

今後の支援のお願い

実例4
喪主代理（親族）

年少の喪主に代わって

話し手　義兄
故人　義弟

皆様、本日は故・阿部雅之の葬儀・告別式にご参列いただき、ありがとうございました。おかげさまをもちまして、つつがなく式を執《と》り行うことができ、出棺《しゅっかん》の運びとなりました。これもひとえに皆様のおかげと、御礼《おんれい》申し上げます。

申し遅れましたが、私は雅之の義兄《あに》の津村英樹と申します。本来ならば喪主の紀之がごあいさつするところではございますが、まだ十六歳と若年《じゃくねん》でございますので私が代わってごあいさつ申し上げること、ご容赦《ようしゃ》くださいませ。

参列への感謝

雅之は二月八日の午後一時八分、山藤病院にて永眠《えいみん》いたしました。享年《きょうねん》五十歳でした。会社にて突然倒れ、病院到着時にはもうかなり危険な状態だったと聞きました。息子である紀之はなんとか最期《さいご》に立ち会えましたが、父親の死にとてもショックを受けており、私どももたいへん辛い思いでございます。

思えば五年前、私の妹であります妻の奈美恵を事故で亡くしましてから、雅之は男手一つで紀之を育てて参りました。妻の突然の死を乗り越えるのはたいへんだったと思います。さらに、働きざかりで仕事も忙しかったでしょう。そんななかでの家事・育児との両立はさぞ苦労もあっただろうと思います。それでも投げ出すことはなく、雅之はがんばって参りました。紀之を高校にまで立派に進学させました。しかし、このような突然の死を思いますと、周囲には感じさせませんでしたが、やはり無理をしていたのだろうかと考えてしまいます。もう少し手を貸すべきだったかと、今更ながら悔やまれて仕方ありません。

今後は、私ども遺族で紀之を引き取り、見守っていく所存でございます。それが雅之と奈美恵の遺志であると思います。どうぞ皆様からも、雅之の生前同様にご厚誼《こうぎ》とご支援を賜《たまわ》りますようお願い申し上げます。

本日は本当にありがとうございました。

故人の最期のようす

故人のエピソード

今後の支援のお願い

実例5
喪主代理
（世話役代）

地域で活躍した故人を偲んで

話し手
世話役

故人
知人

故・結城洋次さんと同じ町内に住んでおります、組合長の山本と申します。世話役代表といたしまして、ご遺族に代わり、ひと言ごあいさつ申し上げます。本日は、結城さんの葬儀・告別式にお運びいただき、ありがとうございました。

結城さんは一月三十一日未明に会社から車で帰宅する途中、高速道路で後続のトラックに追突されるという事故に巻き込まれました。

結城さんは、町内の野球部部長として活躍してくれました。チームをまとめ、引っ張ってくれる非常に頼れる存在でありました。そして、その人となりは、野球を離れてもいかんなく発揮されました。地域の小学校で不審者情報があったときは、町内ぐるみで子どもたちを見守る活動をしようと提案したのも結城さんでした。子ども会のソフトボール大会も、町内会の祭りも、彼がいたからこそみんなが団結できる、それくらい大きな存在でした。そんな大きな存在である結城さんを失ったことは、この町内にとってこの上ない痛手であり、悲しみでもあります。本当に残念です。

参列への感謝
故人の最期のようす
故人のエピソード

皆様、結城さんの亡きあともその遺志を継いで、町内会を盛り上げていきましょう。それがいちばんの供養《くよう》になるのではないかと、私は思います。
また、ご遺族にも結城さんの生前と同様のご厚誼《こうぎ》・ご支援をどうぞよろしくお願いいたします。本日はありがとうございました。

今後の支援のお願い

実例 6

喪主代理（世話役代表）

遺族への今後の支援をお願いして

話し手　上司

故人　部下

私は、故・太田康毅君の上司で、株式会社山村商事、営業部第二営業課長の鶴田と申します。本来ならば喪主であります妻の真美子さんがごあいさつをされるところでございますが、突然の出来事で動揺が大きいということですので、代わりまして世話役を代表して、私がごあいさつをさせていただきます。
本日はご多忙中、太田康毅君の葬儀・告別式にご会葬《かいそう》いただきありがとうございます。おかげさまをもちまして、無事式を執《と》り行うことができ、出棺《しゅっかん》の運びとなりました。ひとえに皆様のおかげと、深く感謝いたします。

参列への感謝

実例7 社葬での葬儀委員長

故人の業績をたたえて

話し手 社長

故人 会長

太田君は、去る五月十八日、出張帰途の高速道路で玉突き事故に巻きこまれ、病院に運ばれましたが、手当てのかいなく、そのまま帰らぬ人となりました。

故人の最期のようす

とても誠実で、社内でも皆から親しまれていた彼がなぜこんなことにと思うと、悔しくて仕方ありません。ご遺族にとっても、たいへんつらく、無念なことと存じます。

故人のエピソード

今後はご遺族、特に奥さまと産まれたばかりのお嬢様には、会社として最大限の支援をしていくつもりでおります。どうぞご会葬《かいそう》の皆様も、太田君の生前同様のご厚誼《こうぎ》・ご支援をご遺族に賜《たまわ》りますよう、何とぞお願い申し上げます。本日はありがとうございました。

今後の支援のお願い

株式会社読毎広告社、代表取締役社長の奥田忠夫でございます。葬儀委員長として、ひと言ごあいさつ申し上げます。本日はご多用のなか、株式会社読毎広告社会長、故・菅野謙太朗氏の葬儀にご参列を賜《たまわ》りまして、ありがとうございました。多くの心のこもった弔辞《ちょうじ》も頂《ちょう》戴《だい》し、ご遺族ならびに社を代表いたしまして、厚く御礼《おんれい》申し上げます。

参列への感謝

菅野会長は四十五年前、二十七歳の時に当社を興《おこ》しました。まだ広告代理店が少ない時代でありましたが、これからはこの業界が伸びると信じての起業だったと聞いております。非常に素晴らしい先見の明の持ち主であったと、あらためて感心いたします。

それから四十年、会長は常に、世の中の新しく面白い何かを見つける着眼点と、たぐいまれなる実行力を武器に会社を大きくされました。昨年、七十歳になられたのをきっかけに会長職に退かれましたが、それでも広告業界に菅野氏ありと言われるほどの存在感を、つねに発揮されてこられた方です。

いつもおしゃれで優しく、ユーモアもあり、社員全員の憧れであり、お手本になる存在でした。本当に素晴らしい方を失ってしまった痛手はあまりに大きく、非常に残念ではあります。しかし、会長が築き上げてきたものを遺《のこ》された社員一同、さらなる社業発展のために、努力していきたい所存でございます。

この場をお借りいたしまして、皆様には当社への変わらずのご支援、また、ご遺族に対しましてもこれまで同様のご厚誼《こうぎ》を賜《たまわ》りますよう心よりお願い申し上げ、ごあいさつとさせていただきます。

本日はご会葬《かいそう》いただき、ありがとうございました。

故人のエピソード

今後の支援のお願い

実例8
社葬での葬儀委員長

遺族へのご厚誼をお願いして

話し手
役員

故人
社長

私は、株式会社ソトヤマ常務取締役の佐藤義之と申します。葬儀委員長として、ひと言ごあいさつ申し上げます。

本日は、ご多用のなか、株式会社ソトヤマ代表取締役、故・山下護氏の葬儀・告別式にお集まりいただき、ありがとうございました。また、お心のこもった弔辞《ちょうじ》を頂戴《ちょうだい》しまして、ご遺族ならびに社を代表いたしまして、心より厚く御礼《おんれい》申し上げます。

山下社長は、昭和四十年の入社以来、営業畑一筋で、長年、社の成長に貢献をされてきた方でいらっしゃいます。五年前に社長に就任したのは、先代社長たっての意向でもあり、役員会でも満場一致で決まった上でのことでした。社長就任後は、冷え込みつつあった業界全体をひっぱるリーダー的存在として、社内だけでなく、業界関係者の皆様からも厚い信頼をいただいておりました。

社長の人柄、仕事への意欲とその手腕は、私たち社員にとって大きな誇りであり、つねに目標とする人物でもありました。

参列への感謝

故人のエピソード

その社長とお別れしなければいけないのは、非常に残念でございますが、私ども社員一同は、社業さらには、業界全体の発展に努めていくことが、社長の遺志であると感じております。皆様には、今後とも、変わらぬご指導、ご鞭撻《べんたつ》をお願い申し上げます。

最後に、ご遺族の皆様にも、山下社長の生前同様、変わらぬご厚誼《こうぎ》を賜《たまわ》りますよう、心よりお願い申し上げます。

本日は、誠にありがとうございました。

今後の支援のお願い

実例9

団体葬での葬儀委員長

故人の人柄をたたえて

話し手 職員

故人 学校長

市立南小学校の教務主任の渡辺でございます。葬儀委員長として、ひと言ごあいさつ申し上げます。

皆様、本日はご多忙のなか、市立南小学校校長の藤本弘先生の葬儀に参列を賜《たまわ》りまして、誠にありがとうございます。

また先ほどは、お心のこもった弔辞《ちょうじ》をたくさん頂戴し、ご遺族ならびに学校を代表いたしましてお礼を申し上げます。

参列への感謝

藤本校長は一昨年の四月に私ども南小学校に赴任されました。子ども一人一人の名前をすぐに覚えられ、折にふれて、みんなに優しく声をかけられる姿には、本当に感心させられました。子どもの話をゆっくり聞き、ときには一緒に校庭で遊んだり、掃除や給食も共にしながら、いつも子どもたちの中心にいらっしゃった姿が思い出されます。

一方で、地域の子育て支援活動や休日に子どもの遊び場を作る学校開放活動など、学校だけでなく地域の子育て環境をよくするための活動を精力的に続けていらっしゃいました。本当に大きな志《こころざし》を持った素晴らしい先生でありました。

温厚で、優しく、子どもを守るためにときに厳しい態度もとられる藤本校長は、本当に私たち教師の目標でございました。素晴らしい方を亡くしたのは残念でございますが、今後は私たちが一丸となって、先生の遺志を継いでいきたいと存じます。皆様方にも変わらぬご支援とご協力をお願いいたします。

本日は、どうもありがとうございました。

故人のエピソード

今後の支援のお願い

精進落としでのあいさつ

●開会時のあいさつ
↓P101
●閉会時のあいさつ
↓P110

あいさつの心得

初七日《しょなぬか》の法要を終えたあと、それまでの葬儀・法要が無事に終わったことの報告や、それに対する感謝・ねぎらいの気持ち、またお清めの意味合いも込めて、喪家《そうか》は僧侶や世話役、弔問者《ちょうもんしゃ》のために食事の席を設けます。これを「精進落《しょうじんお》とし」と呼びます。

初七日法要は、葬儀・告別式に引き続いて、同日に行うことが多いため、精進落としは、弔問者の疲れに配慮しましょう。あまり長引かせず、一～二時間でお開きにするのが一般的です。

開会のあいさつでは、手短に感謝やねぎらいの意を述べ、酒宴中は一人一人の席にお礼を言いに回ります。

お開きの時間が近づいたら、お礼を兼ねてあいさつをし、締めとなります。今後の納骨《のうこつ》の日程などが決まっていれば、その際に連絡し、まだ未定であれば、のちに連絡する旨を伝えておくといいでしょう。

精進落としの席を設けないとき

都合のため精進落しの席を設けない場合は、葬儀・告別式のあいさつの際に、簡単な理由とお詫びのひと言を添えて、その旨を伝えましょう。代わりに「粗《そ》供養《くよう》」として、日本酒1合ビンやビールと、折り詰めなどを用意しておきます。会葬礼状とともに弔問者に渡しましょう。

基本文例

開会時の一般的なあいさつ

喪主／開会時

皆様、昨日、本日はたいへんお世話になりました。皆様のお力添えのおかげで通夜《つや》から葬儀・告別式を無事滞《とどこお》りなく済ませることができました。

ささやかではございますが、精進落《しょうじんお》としの席をご用意いたしました。皆様のお疲れを癒すことができればと存じます。どうぞゆっくりお召し上がりになりながら、ご休息くださいませ。

どうか皆様、今後とも故人の生前と変わらぬおつき合いを賜《たまわ》りますよう、心よりお願い申し上げます。


皆様、本日は誠にありがとうございました。おかげさまで葬儀・告別式を滞《とどこお》りなく終えることができました。あらためてお礼申し上げます。

さぞかしお疲れのことと存じます。ささやかではございますが、皆様への感謝と慰労を兼ねまして、精進落《しょうじんお》としの膳をご用意いたしました。しばらく、おくつろぎいただければと存じます。ありがとうございました。

●全員が疲れているので、できるだけ手短かに。宴が始まってから各人に感謝を伝える。

基本文例

遺族を代表して

喪主代理／開会時

遺族を代表いたしまして、ひと言ごあいさつ申し上げます。

皆様の尽力《じんりょく》を賜《たまわ》りまして、本日無事に葬儀を終了することができました。故人も、皆様のご厚志《こうし》に感謝していることと存じます。

ただ今から、精進落《しょうじんお》としにうつらせていただきたいと存じます。ささやかではございますが、お召し上がりになりながらお疲れをほぐしていただければ幸いでございます。

本日は本当にありがとうございました。

●遺族を代表してあいさつしていることを伝えてもよい。

基本文例

僧侶に法話をお願いしている場合

喪主／開会時

皆様、本日は長時間にわたってお力添えをいただき、誠にありがとうございました。おかげさまをもちまして、無事、父・福島勝二の葬儀を済ませること

●僧侶が出席している場合は、あいさつの中に僧侶への感謝の言葉を織り交ぜる。

ができました。

ご住職様にはありがたいお経《きょう》をいただき、お礼申し上げます。故人も感謝していることと存じます。また、皆様にもたいへんお世話になりましたこと、遺族一同心より感謝いたします。

ささやかではございますが、あちらにお食事をご用意させていただきました。どうぞゆっくりとお召し上がりになって、お疲れを癒《いや》していただければと存じます。

なお、その前にご住職様にお話をいただきたいと存じますので、よろしくお願いいたします。

●法話は献杯などの前にお願いする。

基本文例

今後の支援をお願いして

喪主／開会時

皆様、本日は主人の葬儀・告別式のためにたいへんお世話になりました。おかげさまで滞《とどこお》りなく式を執《と》り行うことができました。ご住職様、株式会社ナカタニの皆様にはひとかたならぬご尽力《じんりょく》をいただきましたこと、深く感謝して

●現在の心境を語ってもよい。

おります。

覚悟はしておりましたが、先のことを考えるとまだ心の整理がついておりません。それでもなんとか皆様のお慰《なぐさ》めの言葉を胸に、努力して参りたいと思います。これからも、故人の生前と変わらぬご指導・ご助力をいただけますよう、よろしくお願いいたします。

粗餐《そさん》ではありますが、お食事を用意いたしました。どうぞごゆっくりおくつろぎください。

本日は誠にありがとうございました。

基本文例

世話役への感謝を込めて

喪主／開会時

喪主としてひと言ごあいさつ申し上げます。

本日は父・有本重也の葬儀ならびに告別式を無事に済ませることができました。遺族一同、感謝の気持ちでいっぱいです。

突然のことでうろたえるばかりの私たちに代わって各方面にご手配いただき

●特別にお世話になった人がいる場合、その人の名前を挙げて感謝を述べ、その人の顔を見ながら話す。

ました矢島様、坪内様、町内会の皆様、また私たちを支えてくださった皆様に、心からお礼申し上げます。長時間にわたりご尽力《じんりょく》をいただき、お疲れのことと存じます。ささやかではございますが、精進落《しょうじんお》としの席をご用意いたしました。おくつろぎながらお召し上がりください。

本日は本当に、ありがとうございました。

基本文例

故人に代わって感謝を伝える

喪主／開会時

皆様、昨日・今日はたいへんお世話になり、ありがとうございました。おかげさまをもちまして、滞《とどこお》りなく通夜《つや》と葬儀・告別式を執《と》り行うことができました。

皆様には故人の生前から格別のご厚誼《こうぎ》をいただいて参りました。また、こうして集まっていただき、故人も草葉《くさば》の陰で喜んでいることと存じます。故人に代わりまして、心より厚くお礼申し上げます。

さぞかしお疲れのことと存じます。充分な準備ができず心苦しいのですが、

●生前の厚誼に感謝していることを伝える。

感謝の気持ちを込めて酒席《しゅせき》を用意いたしました。お時間の許す限り、どうぞごゆっくりおくつろぎくださいませ。

簡単ではございますが、これであいさつとさせていただきます。

基本文例

心境を語りながら

喪主／開会時

皆様、本日は娘・青木美穂の葬儀・告別式に際し、最後までお力添えをいただきましてありがとうございました。こうして無事、見送ることができましたのも皆様のご厚情《こうじょう》の賜物《たまもの》かと存じます。心より深く御礼《おんれい》申し上げます。

小さい頃から大切に育ててきた娘を突然失ってしまい、まだまだ悲しみは癒《い》えません。明日になれば、またひょっこり帰ってきそうな気持ちにもなってしまいます。娘の死を受け入れるには、もう少し時間がかかりそうですが、皆様からの温かいお心遣いには、遺族一同本当に感謝いたしております。

心ばかりではありますが、あちらに粗餐《そさん》を用意いたしました。おくつろぎになりながらお召し上がりください。本日は誠に、ありがとうございました。

●率直に今の心境を語ることは悪くないが、長くなりすぎないように注意する。
●心境を語りながらも、感謝の気持ちを伝えるのを忘れない。

基本文例

喪主に代わってのあいさつ

喪主代理／開会時

皆様、本日は長時間お力添えをいただきまして、誠にありがとうございました。無事に故人の葬儀ならびに告別式を終えることができましたのも、皆様のおかげと感謝いたしております。

申し遅れましたが、私は故人の叔父の中野良二でございます。

本来であれば喪主である故人の妻・優子がごあいさつ申し上げるところでありますが、少し体調を崩しておりますので、代わって私がごあいさつをさせていただきます。

おいの急逝《きゅうせい》は、私ども親族にとってたいへんなショックでありました。遺族はなおのことと存じます。どうかここにいらっしゃる皆様、今後も遺族への温かいご支援、ご厚情《こうじょう》を賜《たまわ》りますようお願いいたします。

皆様、さぞお疲れのことでしょう。ささやかではございますが、お膳《ぜん》を用意いたしましたので、どうぞおくつろぎください。

●親族代表があいさつする場合には、故人や喪主との関係を説明した自己紹介をする。
●喪主があいさつに立たない理由を簡単でよいので述べる。
●親族の立場から出席者に、遺族への支援をお願いする。

基本文例

宴席を設けないときのあいさつ

喪主／宴席のない場合

皆様、本日はたいへんお世話になりました。皆様のおかげで、無事、故人を送り出すことができましたこと、あらためて御礼《おんれい》申し上げます。

本来ならば、お食事の席をご用意させていただかなくてはならないのですが、あいにく都合により、準備ができておりません。勝手ではございますが、本日はこれで失礼させていただきます。

なお、心ばかりのものをご用意いたしました。どうぞ、お納めください。本日は誠に、ありがとうございました。

●精進落しの席を設けない理由は「取り込んでおりますので」など簡単でかまわない。

●持ち帰ってもらう品があることを伝える。

基本文例

遠方からの弔問客を気遣って

喪主／宴席のない場合

皆様、本日はたいへんお世話になりました。皆様のお力添えによりまして、葬儀ならびに告別式を滞《とどこお》りなく終えることができました。思いがけないことにうろたえるばかりの私たちを励まし、支えてくださった皆様方に、心よりお礼を申し上げます。

本来ならば精進落《しょうじんお》としの席を設けるところではありますが、遠方《えんぽう》からおいでいただいた方も多く、また、お忙しいところをお引き止めしてしまってはかえってご迷惑かと思いますので、こちらで失礼いたします。

つきましては、ささやかではございますが、お礼の気持ちを用意いたしました。どうぞお持ち帰りくださいませ。

皆様には今後も、故人の生前同様のおつき合いをいただきますよう、お願い申し上げます。

本日は、ありがとうございました。お気をつけてお帰りください。

●礼を欠くことのないよう、ていねいな言い回しで感謝の気持ちを伝える。

こんなとき どう言う？

精進落としに僧侶を案内する

感謝の気持を伝えたあとで、案内します。

「ご住職様にはありがたいお経をいただき誠にありがとうございました。たいしたおもてなしはできませんが、あちらに精進落《しょうじんお》としの席を用意させていただきました。ゆっくりおくつろぎいただければと思います」

僧侶に精進落としの前に法話をお願いするとき

初七日法要が始まる前には依頼しておきましょう。

「このたびは、たいへんお世話になります。精進落《しょうじんお》としの前にご住職様にお話をいただきたいと存じますので、よろしくお願いいたします」

精進落としを設けない場合の僧侶へのあいさつ

精進落としの席を設けないときは、感謝の気持ちを伝えたあとに、お車代と御膳料を手渡します。

「本日は、たいへんお世話になりました。本来ならば、お食事の席をご用意するところですが、あいにく取り込んでおりますので、本日のところはこれで失礼いたします。こちら御膳料《おぜんりょう》とお車代でございます。どうぞお納めください」

基本文例

閉会時の一般的なあいさつ

喪主／閉会時

皆様、本日は長い時間最後までおつき合いいただきまして、誠にありがとうございました。皆様に惜しんでいただき、故人も喜んでいることと存じます。

お疲れのところ、あまりお引き止めしてもかえってご迷惑かと思いますので、本日はこれにてお開きとさせていただきます。

すでにあたりも暗くなっております。どうぞお気をつけてお帰りください。

本日はありがとうございました。

●手短なあいさつでもていねいに述べる。

基本文例

不手際・不行き届きを詫びて

喪主／閉会時

皆様、本日は長時間にわたりおつき合いいただき、ありがとうございました。

まだお話は尽きないかとは存じますが、皆様もお疲れのことと思いますので、このへんでお開きにさせていただきます。

私たち遺族の知らない故人の話をいろいろ聞かせていただき、ありがとうございました。故人もさぞ喜んでいることと存じます。万事行き届かぬことばかりで失礼をいたしましたが、何とぞお許しください。今後ともなにかとお世話になることもあるかと思います。よろしくお願いいたします。

本日は本当に、ありがとうございました。

●不手際・不行き届きを詫びるときには「万事行き届かぬことばかりで」などと簡単に述べる。

基本文例

弔問者の帰路を気遣って

喪主／閉会時

皆様、本日は多大なご助力をいただきありがとうございました。お名残惜《なごりお》しくはありますが、これ以上お引き止めしてもご迷惑になると存じますので、そろそろお開きにいたします。外はもう暗くなっております。どうぞお気をつけてお帰りくださいませ。

なお、こちらの正面玄関から最寄り駅までバスも出ているそうなので、そちらもご利用いただければと存じます。今後も、故人の生前と変わらぬご厚誼《こうぎ》を賜《たまわ》りますよう、よろしくお願いいたします。

本日は誠に、ありがとうございました。

●交通の便が悪く弔問者が戸惑うような場合は、最寄り駅などへの交通手段やタクシーなどの有無も案内する。

基本文例

手みやげを用意している場合

喪主／閉会時

皆様、本日は故・樋口三郎の葬儀に最後までご尽力《じんりょく》いただきまして、誠にありがとうございました。皆様の温かいお気持ちとお言葉、たいへんうれしく頂戴《ちょうだい》いたしました。

もう少しごゆっくりしていただきたいところではありますが、さぞお疲れのことでしょうし、あまりお引き止めしても申し訳ございませんので、このへんでお開きにさせていただきます。

なお、気持ちばかりのものではございますが、お礼の品をご用意しております。お荷物になってしまい恐縮ですが、どうぞお持ち帰りください。

今後とも、故人とのつながりを縁に、末長いおつき合いをどうぞよろしくお願いいたします。

あたりも暗く、お足元も悪くなっておりますので、お帰りには十分お気をつけください。本日は誠に、ありがとうございました。

●精進落としの前にもお礼の品があることを伝えるが、確認を込めて、最後にもう一度申し添える。

基本文例

法要日程の案内がある場合

喪主／閉会時

本日はありがとうございました。

皆様、お話は尽きないかと思います。もう少しごゆっくりしていただきたいのはやまやまなのですが、お疲れのところ、また、お忙しいところを無理にお引き止めしてしまうのも申し訳ありませんので、このへんで締めさせていただきたいと存じます。

十分なおもてなしもできずに申し訳ございませんでした。

なお四十九日《しじゅうくにち》の法要を、来月十日の十三時より自宅にて執《と》り行います。観音寺様には、四十九日の法要でもお世話になります。遺骨《いこつ》はこの法要の後で納骨《のうこつ》する予定になっております。皆様、よろしければお運びくださいますよう、お願いいたします。

今後とも、皆様のご厚誼《こうぎ》を故人の生前と変わらず賜《たまわ》りたく存じます。

本日は長い時間ご尽力《じんりょく》いただきまして、誠にありがとうございました。どうぞお気をつけてお帰りください。

●まだ四十九日の段取りがついていないようであれば「あらためてご案内のはがきをお送りします」などと話しておく。

葬儀後のあいさつの心得

あいさつの心得

葬儀後は、お世話になった僧侶、世話役、弔辞《ちょうじ》をお願いした人などへ、お礼のあいさつに伺います。葬儀の翌日から三日後ぐらいまでを目安に、早めに済ませましょう。手土産は特に必要ありませんが、持参する場合は菓子折り程度で。葬儀当日に渡せなかった僧侶への謝礼や、世話役への心づけがあれば持参します。

あいさつ回りは、喪主がお礼を述べるものです。最近は喪主一人で回ることも多いようですが、喪主のほかにもう一人の遺族と二人で回るのも一般的です。喪主が未成年や高齢者の場合は遺族代表が出向くこともあります。服装は略喪服か略礼装ですが、葬儀後二～三日たっている場合は地味な平服でもかまいません。

あいさつのしかた

葬儀後のあいさつは、葬儀でお世話になったことへのお礼と、今後の力添えのお願いの二つを中心にします。短くても心が伝わるよう、ていねいに感謝の言葉を述べましょう。

あいさつの基本構成

1. 葬儀でお世話になったお礼
↓
2. 今後の力添えのお願い

基本文例

僧侶へ ―葬儀への感謝を込めて

喪主

このたびの葬儀では、たいへんお世話になり、誠にありがとうございました。おかげさまをもちまして、つつがなく葬儀を済ませることができ、故人も喜んでいることと思います。今後ともお世話になるかと思いますが、よろしくお願いいたします。ありがとうございました。

●葬儀を通してお世話になったことへの感謝の気持ちを中心に。

基本文例

僧侶へ ―法要の依頼も含めて

喪主

このたびはお世話になりました。ありがたいお経とご法話《ほうわ》をいただき、亡き父も喜んでいると思います。これは心ばかりのお布施《ふせ》でございます。どうかお納めください。法要の件につきましては、また、あらためてご相談させていただきますので、今後ともどうぞよろしくお願いします。

●お経と説法について話すときは、「ありがたいお経とご法話」というのが決まり文句。

基本文例

世話役へのあいさつ

このたびの葬儀では、たいへんお世話になり、ありがとうございました。無事に葬儀が済んだのも、川野様のお力添えのおかげだと思っております。父も安心しているはずです。心ばかりのお礼ではすが、私たち家族の気持ちです。どうぞお納めください。これからも、ご指導のほどよろしくお願いいたします。

喪主

- 葬儀を滞りなく済ませられたことへの感謝の気持ちを伝える。
- 世話役の方に礼金を渡すのが習慣になっている地域もある。地域によって違うので、確認しておく。

基本文例

近所の人へのあいさつ

このたびは、通夜や葬儀・告別式のお手伝いのみならず、なにかとご協力いただき、ありがとうございました。おかげさまで、無事に母を送ることができました。これからもご近所同士、末長くおつき合いいただけることを切にお願い申し上げます。

喪主

- 花輪を立てかけたり、車の往来で騒がしくなったなど迷惑をかけたことの具体的な例をあげてお礼を言うのも効果的。

基本文例

故人の学校へのあいさつ

喪主

先日は亡き優里枝のためご会葬《かいそう》いただきありがとうございました。優里枝も、大好きだった学校の先生やクラスメイトの皆さんにお見送りいただき、喜んでいたことと思います。短い間ではございましたが、本当にお世話になりました。あらためてお礼申し上げます。

●故人の担任にお礼を言うようにし、クラスメイトへのお礼の言葉も忘れずに。

基本文例

故人の職場へのあいさつ

喪主

このたびは、お忙しいなか、皆様でご会葬《かいそう》くださいまして、ありがとうございました。当日は取り込んでおりまして、ごあいさつもできずに失礼してしまいましたが、おかげさまで葬儀も滞《とどこお》りなく済ませることができまして、亡き夫も喜んでいると思います。今後ともどうぞよろしくお願い申し上げます。

●花輪や供花についてもお礼の言葉を添えるとよい。
●入院中のお見舞いなどに関してもお礼を述べると、よりていねいな印象に。

基本文例

故人がお世話になった人へのあいさつ

喪主

●故人の代わりにお世話になったことへの感謝の気持ちを述べる。

過日《かじつ》はお忙しいなか、ご会葬《かいそう》いただきまして誠にありがとうございました。亡き夫も、最後に佐藤様にお会いできて喜んでいたことと思います。生前には、ひとかたならぬご厚情《こうじょう》をいただきましたこと、故人に代わりまして深くお礼申し上げます。

今後ともこれまでと変わりないおつき合いのほど、よろしくお願い申し上げます。

先日は、お忙しいなか、お運びいただきまして、本当にありがとうございました。日頃からお世話になっていた大野様に最期《さいご》のお別れをしていただき、父もさぞ満足だったことと存じます。

今後とも父の生前と変わらぬおつき合いをさせていただければ幸いです。どうぞよろしくお願いいたします。

基本文例

弔辞をいただいた人へのあいさつ

先日の告別式では、心のこもった弔辞《ちょうじ》をいただき、誠にありがとうございました。母も香取様の懐かしいお声を聞くことができて、さぞかし喜んでいたことと思います。故人になり代わりまして、厚くお礼申し上げます。心ばかりのものですが、お受け取りください。

今後とも、母の生前と変わらぬおつき合いのほど、よろしくお願いいたします。

喪主

●弔辞をいただき、誰よりも故人が喜んでいることを伝えるとよい。

基本文例

お世話になった病院関係者へ

先日、父の通夜《つや》、葬儀・告別式までを済ませました。入院中には、父や私たち家族の希望を聞き入れてくださり、本当によくしていただきました。父も心残りなく逝《い》くことができたと思います。心ばかりのも

喪主・遺族

●病院によっては、金品や物品の受け渡しを禁じているところもあるので、無理強いはしないようにする。

のをお持ちいたしましたので、どうぞ皆様でお召し上がりください。本当にありがとうございました。

基本文例

遠方の人へ電話で

喪主

過日《かじつ》は、遠方《えんぼう》よりお運びいただき、ありがとうございました。おかげさまで無事、葬儀も終えることができました。

わざわざお越しいただきましたのに、当日は満足にごあいさつもできませんで失礼いたしました。ひと言お礼を申し上げたくお電話させていただきました。亡き勝人も、仲の良かった横溝様にお見送りにきていただき、喜んでいたことと思います。

今後とも、変わらぬおつき合いのほどよろしくお願いいたします。

●遠方から来てくれたことへのお礼を忘れずに伝える。
●行き届かなかった点を詫びる。

2章

喪家側

法要でのあいさつ
忌明け前～年忌法要・追悼会まで

初七日法要から七回忌法要、追悼会などでは
遺族の心境を交えながらあいさつをするのが一般的です。
故人の供養をするための法要の席で必要な
あいさつ文例を紹介しています。

法要でのあいさつ

●初七日法要➡P123
●四十九日法要➡P128
●年忌法要➡P132
●偲ぶ会・追悼会➡P139

法要の種類

故人を供養《くよう》するため、命日《めいにち》に行われる行事を法要、法事などといいます。仏教では死後七日と四十九日に行われる追善供養《ついぜんくよう》のあと、年ごとの年忌法要《ねんきほうよう》がありまず。亡くなった年の翌年が一周忌で、その翌年が三周忌です。その後は、亡くなった年も含めて七回忌、十三回忌、十七回忌……と続きます。

無宗教葬や団体葬では、法要の替わりに、偲ぶ会や追悼式などを催すこともあります。

法要を執り行う場合、三回忌ぐらいまでは親族と親しい友人などに案内を送付します。電話などで法要が決まったことを伝え、出欠の有無を確認してから案内状（➡P217）を送付するのが最近の傾向です。

あいさつの心得

一般に、施主《せしゅ》側の代表者は式の最後にあいさつをします。追善供養では参列者への謝辞と、葬儀に際してのお礼を中心に。年忌法要では、遺族の近況や決意などを中心に伝えましょう。

あいさつの基本構成

1. 参列やお世話になったことへのお礼
↓
2. 遺族の今の心境
↓
3. 宴席へのお誘い
↓
4. 結びの言葉

基本文例

初七日法要の一般的なあいさつ

施主

本日はご多忙のところ、妻・真由美の初七日《しょなぬか》の法要にご参列いただきまして、ありがとうございました。また、先日は通夜《つや》ならびに葬儀にお運びくださいまして、心からお礼申し上げます。

まだ日の浅いこともあり、なかなか気持ちの整理がつきませんが、こうしてお集まりいただいた皆様から温かいお言葉をいただき、少しずつ落ち着いて来たように思えます。皆様のお慰《なぐさ》みの数々には、心から感謝申し上げます。

たいしたことはできませんが、ささやかなお食事をご用意させていただきました。おくつろぎのうえ、ごゆっくり召し上がっていただければ幸いです。

今後とも皆様には、妻の生前と変わらぬおつき合いを賜《たまわ》りますよう、心よりお願い申し上げます。

本日は、誠にありがとうございました。

❶ 参列やお世話になったことへのお礼
- どの法要にあたるのかを述べる。
- 通夜や葬儀でお世話になったことへもあらためて感謝を述べる。

❷ 遺族の今の心境
- 葬儀後の遺族のようすや、葬儀では語ることのできなかった故人の話などを中心に。

❸ 宴席へのお誘い
- 宴席を設けていることを伝え、参加を促す。

❹ 結びの言葉
- 今後の支援をお願いしつつ、参列者へのお礼で締めくくる。

実例1

施主

今後の支援をお願いして

話し手
妻

故人
夫

　本日はご多用のなか、故・西河清晴の初七日忌《しょなぬかき》の法要にお集まりいただき、ありがとうございました。また、先日の葬儀の折には、ごていねいにご会葬《かいそう》いただきまして、たいへん感謝しております。

　突然のことでしたので、気持ちの整理がつくまで、まだしばらく時間がかかりそうです。しかし、現実の重みも日に日に感じられるようになりました。いつまでも夫のいないことを悲しんでばかりはいられません。これからは、夫の分まで精一杯、残された子どもたちを一人前に育てていこうと決意しております。

　どうぞ皆様、今後とも、故人の生前同様に、ご厚誼《こうぎ》を賜《たまわ》りくださいますよう、よろしくお願い申し上げます。

　気持ちばかりのものですが、お食事をご用意しました。遠慮なくおくつろぎになり、召し上がってください。

　本日はありがとうございました。

参列やお世話になったことへのお礼
遺族の今の心境
宴席へのお誘い

実例2
施主

宴席を設けない場合

話し手 子
故人 親

本日はお暑いなか、初七日《しょなぬか》の法要にお運びいただき、誠にありがとうございます。また先日の葬儀の折には、親身にお骨折りくださいまして、たいへん助かりました。あらためてお礼申し上げます。

こうしてお集まりくださった皆様のご厚志《こうし》に、亡き父もさぞかし心強く感じていることと存じます。

本来ならば、この後おもてなしをさせていただきたいのですが、こちらの都合でかないませんでした。ささやかながら、お礼の気持ちをご用意いたしましたので、ぜひお持ち帰りくださいませ。

どうかこれからも、父の生前と変わらぬご厚誼《こうぎ》を賜《たまわ》りますよう、よろしくお願い申し上げます。

本日は誠にありがとうございました。

参列やお世話になったことへのお礼

結びの言葉

実例3

施主

葬儀と同日に行った場合

話し手
子

故人
親

本日は、母・芳子のためにお集まりいただきまして、誠にありがとうございました。おかげさまで、葬儀・告別式に続き、遺骨《いこつ》法要ならびに初七日《しょなぬか》法要と無事、執《と》り行うことができました。亡き母も安堵していることと思います。

皆様におかれましては、お忙しいのにもかかわらず、最後までお見送りいただきましたこと、遺族を代表いたしまして、心よりお礼申し上げます。

また、ご住職様はじめ、世話役の鈴木様、佐藤様には、すっかりお世話になりました。あらためて御礼《おんれい》申し上げます。

ささやかではございますが、別室にて粗餐《そさん》の用意してございます。

明るく賑《にぎ》やかなことが好きだった母ですから、皆様で思い出話でもしながら、ゆっくり召し上がっていただければ、何よりの供養になると思います。どうぞ、お時間の許す限りおくつろぎください。

本日は誠にありがとうございました。

参列やお世話になったことへのお礼

宴席へのお誘い

実例4

施主

葬儀と同日の手短かなあいさつ

話し手
妻

故人
夫

本日は長時間にわたり、葬儀・告別式に続き、骨迎えから初七日《しょなぬか》の法要と、おつき合いいただき、誠にありがとうございました。おかげさまをもちまして、初七日の法要も滞《とどこお》りなく執《と》り行うことができました。世話役をお願いいたしました秋田様、長崎様、それからお手伝いをしてくださいました町会の皆様、本当にありがとうございました。

たいしたことはできませんが、お斎《とき》をご用意いたしましたので、皆様、お時間の許す限りごゆっくりお過ごしになってください。ありがとうございました。

参列やお世話になったことへのお礼

宴席へのお誘い

こんなとき どう言う？

電話で法要への出席をお願いするとき

法要の案内は、まず電話などで日程が決まったことを伝え、出席してもらえるようにお願いします。

「父の一周忌法要を、六月二十日の土曜日に安西寺で執《と》り行うことになりました。岸田様に出席していただければ、父も喜びます。ぜひ、足をお運びいただければと存じますが、ご都合はいかがでしょうか。

（相手の了承）ありがとうございます。では、あらためて法要の案内状を送付させていただきますので、よろしくお願いいたします」

基本文例

四十九日法要の一般的なあいさつ

施主

本日は亡き母の四十九日《しじゅうくにち》法要にご参会いただきまして、ありがとうございました。また、過日の葬儀では、皆様のお力添えによりまして無事に式を終えることができましたこと、この席をお借りして、あらためてお礼申し上げます。皆様のご供養《くよう》のおかげで、母も成仏《じょうぶつ》できたことと存じます。

母がいない寂しさはぬぐいようはありませんが、亡くなってから今日まで、皆様には温かいお慰《なぐさ》めをいただき、心より感謝しております。おかげさまで、家族にも少しずつ落ち着きが戻って参りました。

たいしたおもてなしもできませんが、忌明《きあ》けの膳の用意をいたしましたので、お時間の許す限り、ごゆっくりおくつろぎください。また、お手元に粗品をご用意いたしました。お荷物になって恐縮ではございますが、お帰りにお持ちください。

本日は本当にありがとうございました。

❶ 参列やお世話になったことへのお礼

❷ 遺族の今の心境

❸ 宴席へのお誘い

●初七日の法要を葬儀当日に行った場合、葬儀後初めての法要になるため、葬儀へのお礼をあらためて述べるとよい。

●遺族のようすを伝える際は、参列者を不安にさせる表現は避ける。

●あいさつの中で納骨の予定など、報告を交えてもよい。

●宴席の用意や、持ち帰る品があることを伝える。

●「忌明け」は関西では「満中陰《まんちゅういん》」とも言う。

実例1
施主

故人を偲んで

話し手
夫

故人
妻

本日は故・水村晴美の四十九日《しじゅうくにち》の忌明《きあ》けに際し、ご多用中にもかかわらず、大勢の方にお越しいただき、心より厚くお礼申し上げます。妻も皆様にお見送りいただき、さぞ喜んでいることと思います。

妻が亡くなってから今日まで、皆さまにはさまざまな面でのご協力や慰《なぐさ》めをいただき、ずいぶんと励まされました。心より感謝しております。

いまでも時々、妻が台所に立っているような錯覚にとらわれることがあります。寂しさだけでなく、生活上の細々とした不便は数え切れず、いかに家族のなかで妻の存在が大きかったか、妻への感謝の念があらためてわいて参ります。しかし、少しずつでも、妻のいない生活にも慣れていかねばなりません。できないなりに、いろいろと工夫を重ねますうちに、家族にも笑顔が戻ってきたように存じます。

ささやかではございますが、お斎《とき》の席を設けております。どうぞおくつろぎになって、ごゆっくりお召し上がりください。

参列やお世話になったことへのお礼

遺族の今の心境

宴席へのお誘い

実例2
施主

納骨の報告を交えて

話し手
妻

故人
夫

本日はお忙しいところ、また悪天にもかかわらず、亡き夫の四十九日《しじゅうくにち》法要にご参会いただきまして、ありがとうございます。

皆様には通夜《つや》から葬儀、その後もなにかとお世話になり、心より感謝しております。夫の死後、子どもと二人なにかと心細くしておりましたが、皆様から温かい励ましをいただき、本当に感謝しております。

夫の遺骨《いこつ》は、明日、塩崎霊園に納めに参ります。自宅から車で十五分の距離でございますので、いつでも近くで見守っていてくれるという気持ちでおります。

近くには風光明媚《ふうこうめいび》な公園もございますので、季節の折にでもお立ち寄りいただけると、夫も喜ぶと存じます。

心ばかりですが、お食事の用意をいたしましたので、お時間の許す限り、ごゆっくりとお過ごしいただけましたら幸いに存じます。

本日は誠にありがとうございました。

参列やお世話になったことへのお礼

遺族の今の心境

宴席へのお誘い

実例3
施主代理

親族を代表して

話し手　義兄
故人　義弟

親族を代表して、ひと言ごあいさつ申し上げます。私は故人の義兄《あに》にあたります本幡太史と申します。

本日はご多忙中のところ、故・横田春喜の四十九日《しじゅうくにち》の法要にご列席を賜《たまわ》り、誠にありがとうございました。おかげさまをもちまして、無事に終えることができました。

仏教におきましては、忌明《きあ》けとなる四十九日《しじゅうくにち》は、霊から仏になる日とされているそうでございます。本日、このようにたくさんの方にお集まりいただき、ごていねいなご供養《くよう》をいただきましたこと、義弟《おとうと》もきっと安心して極楽《ごくらく》へ向かったことと存じます。あらためて、心より御礼《おんれい》申し上げます。

本日は心ばかりではございますが、別室に忌明けの粗餐《そさん》をご用意させていただきました。召し上がっていただければ義弟も喜ぶと思います。どうぞお時間の許す限り、義弟の思い出話などをお聞かせいただければと思います。

ありがとうございました。

参列やお世話になったことへのお礼

宴席へのお誘い

基本文例

年忌法要の一般的なあいさつ

施主

本日はお忙しいところ、また遠方からも、お集まりいただきまして、ありがとうございました。おかげさまで一周忌の法要も滞《とどこお》りなく済ませることができました。このように多くの皆様のお顔を拝見し、故人も喜んでいることと存じます。

母が亡くなった当初は、あまりに突然のことで、呆然《ぼうぜん》としておりましたが、時間がたつにつれて、私どもの生活も落ち着きを取り戻しつつあり、この日を無事に迎えることができました。これもひとえに、皆様方の温かいご支援、励ましのお心遣いのおかげだと思っております。心より感謝いたしております。

別室に、ささやかながらお食事をご用意させていただきました。どうぞお時間の許す限り、ごゆっくりとお召し上がりになりながら、ご歓談いただきたいと存じます。

本日は誠に、ありがとうございました。

❶ 参列やお世話になったことへのお礼

●葬儀からこれまでお世話になったことについて、故人に代わって感謝の意を伝える。

❷ 遺族の今の心境

●この一年間で気持ちが落ち着き、悲しみから立ち直ったことなどを述べる。

●遺族の近況や心境は自分の言葉で伝える。

❸ 宴席へのお誘い

●食事の案内がてら、ともに故人の思い出を語りたい気持ちなどを伝えるとよい。

実例1
施主

近況を交えて（一周忌）

話し手
妻

故人
夫

本日は夫・哲郎の一周忌にご参会くださいまして、誠にありがとうございました。お忙しいところ、このようにたくさんの方にご出席いただき、深く感謝しております。

早いもので、夫が亡くなりましてから、はや一年が経《た》とうとしております。この春、長男は中学生に、次男は小学四年生になりました。二人とも地元のクラブで、夫が好きだったサッカーに熱中する毎日です。身長も一年間でだいぶ伸びました。

夫が亡くなった当初を思い返しますと、あまりに急なことで、私は不安に思うことばかりでした。しかし、そんなあるとき、子どもたちがおこづかいを出し合い、私に花束を買ってきてくれました。添えられたカードには「お母さん元気出して！」とつたない字で書いてあり、それを読んだ瞬間、悲しんでばかりはいられないと、我にかえったような気持ちになりました。

今は、夫の残してくれた二人の子どもを、一人前の大人に育てるのが、遺された私のいちばんの仕事と思っています。今後とも、変わらぬご厚誼《こうぎ》を賜《たまわ》りますよう、よろしくお願い申し上げます。

参列やお世話になったことへのお礼
遺族の今の心境
結びの言葉

気持ちばかりですが、酒食の席をご用意いたしました。にぎやかなことの好きだった夫の供養《くよう》になりますので、どうぞお時間の許す限りおくつろぎください。

宴席へのお誘い

実例2
施主

遺族への心遣いに感謝して（一周忌）

話し手 親
故人 子

本日はたいへんお忙しいところ、またお暑いなか、息子の一周忌法要にお運びいただきまして、ありがとうございました。生前仲良くしてくださったクラスメイトの皆様にも大勢来ていただき、息子もさぞかし喜んでいることと存じます。

息子が、突然の事故でこの世を去ってから、ちょうど一年が経《た》ちます。思いがけないことで、しばらくは呆然《ぼうぜん》とし、何をしても現実感がないような状態でおりました。しかしこの頃では、妻も私も、少しずつ気持ちの整理がつきはじめ、自分を取り戻しつつあります。

この間、皆様には、たくさんのお心遣い、温かい励ましをいただきました。誠にありがとうございました。

ささやかですが、お食事を用意いたしましたので、どうぞごゆっくり召し上がってくださ

参列やお世話になったことへのお礼

遺族の今の心境

い。クラスメイトの皆様も、よろしかったら、息子の思い出などを聞かせていただければと存じます。

宴席へのお誘い

実例3
施主代理

親族代表としてのあいさつ（一周忌）

話し手 おい
故人 おじ

親族を代表いたしまして、ひと言ごあいさつ申し上げます。私は故人のおいにあたります鈴木聡と申します。

皆様、本日はお忙しいところ、故・鈴木宣孝の一周忌法要に、多数お集まりいただきまして、ありがとうございました。

おかげさまで一周忌の法要も滞《とどこお》りなく済ませることができました。このように多くの皆様のお顔を拝見し、故人も喜んでいることと存じます。

格別のことはできませんが、お斎《とき》の席をご用意させていただきました。どうぞお時間の許す限り、ごゆっくり、ご歓談いただきたいと存じます。ありがとうございました。

参列やお世話になったことへのお礼

宴席へのお誘い

実例4

施主

故人に思いを馳せて（三回忌）

話し手　子

故人　親

皆様、本日はお忙しいところ、またお足元の悪いなか、亡き父の三回忌法要においでいただきまして、誠にありがとうございました。

皆様には、お変わりがないようで何よりと存じます。葬儀やその後の法要の折には、さまざまなお心遣いをいただき、深く感謝しております。

父が亡くなりましてから、早いものでもう二年が経《た》ちました。おかげさまで私ども家族はつつがなく暮らしております。

最近、母によく「おまえはお父さんに似てきた」と言われるようになりました。生きている父にはもう会えませんが、鏡をのぞくと父によく似た自分の顔が写ります。当然ではございますが、亡くなってもなお、親子の縁というものはとぎれないものだと、しみじみと感慨にふけってしまいました。

簡単なものではございますが、別室に酒肴《しゅこう》をご用意いたしました。父の思い出話でもしながら、おくつろぎいただければと存じます。

参列やお世話になったことへのお礼

遺族の今の心境

宴席へのお誘い

実例5
施主

近況報告と感謝を込めて（三回忌）

話し手
夫

故人
妻

本日は妻の三回忌にあたり、ご多用のところ、このようにお集まりいただきまして、誠にありがとうございます。

皆様のおかげで、無事三回忌法要を終えることができました。妻も、きっと喜んでいることと存じます。

妻が亡くなったときには、まだ何が起こったのかを理解できなかった娘が、この春、小学校に入学いたしました。

この二年間、不幸を悲しむ暇もないほどに、男手一つで家事に、育児に、仕事にと、奮闘して参りました。がむしゃらにがんばることで、悲しみを直視することを無意識のうちに、避けていたのかもしれません。

先日、娘にせがまれて、写真を見ながら妻の思い出話などを聞かせてやると、神妙《しんみょう》な様子で聞き入っておりました。娘の存在が慰《なぐさ》めになり、私もいつの間にか、穏やかな気持ちで妻の思い出に向き合えるようになりました。

参列やお世話になったことへのお礼

遺族の今の心境

このようなひとときを過ごせるようになりましたのも、私どもを支えてくださる皆様方の温かい励ましやお心遣いあってのことと存じます。どうぞ今後とも変わらぬご支援を賜《たまわ》りますよう、よろしくお願い申し上げます。

ささやかなものですが、お食事を用意いたしました。どうぞお時間の許す限り、妻を偲《しの》んでやっていただきたく存じます。

ありがとうございました。

結びの言葉

宴席へのお誘い

実例6

施主

家族の成長を報告して（七回忌）

話し手　妻

故人　夫

皆様、お久しぶりでございます。本日はお忙しいところ、またお寒いなか、夫の七回忌の法要にお運びくださいまして、誠にありがとうございました。

皆様にお会いでき、夫もさぞかし喜んでいることと存じます。

あれからはや六年という月日が経《た》ちました。皆様には変わらぬご厚情《こうじょう》を賜《たまわ》り、厚くお礼申し上げます。

参列やお世話になったことへのお礼

当時まだ学生だった娘は、すでに社会人となり、昨年、良縁を得て嫁《とつ》いでいきました。一人娘の花嫁姿を見ながら、夫はあの世で、細い目をますます細くしていたことでしょう。私もこれで肩の荷がおり、あとは孫の誕生を楽しみにするばかりの毎日でございます。

遺族の今の心境

せっかくおいでいただきましたのに、たいしたおもてなしもできませんが、あちらに酒肴《しゅこう》をご用意いたしました。

にぎやかなことの好きな夫でしたので、どうぞ思い出話でもしながら、お時間の許す限り、ごゆっくりお過ごしいただければと存じます。

宴席へのお誘い

実例7

遺族

感謝の気持ちを込めて（偲ぶ会）

話し手　弟

故人　兄

皆様、本日はご多用のなか、兄・啓二のために、このような偲《しの》ぶ会を催していただきまして、ありがたく存じます。多くの方にお集まりいただけましたこと、遺族・親族を代表いたしまして、心よりお礼申し上げます。

開催へのお礼

皆様ご承知のとおり、兄は毎年、各地のフルマラソンに挑戦するほどのスポーツマンで、日頃から健康にも気を配っていたように思います。今年は、はじめて東京マラソンに挑戦できるとたいへん意気込んでおりまして、テレビに映るかもしれないね、などと家族も楽しみにしておりました。

その大好きなマラソンの練習中に倒れたこと、さほど苦しまずに逝《い》ってしまったことは、今思えば、兄にとっては本望だったのかもしれません。突然のことではありましたが、そのように考えて気持ちを慰《なぐさ》めております。

兄は生前、「マラソンは個人競技だけど、大会は仲間との団体競技みたいだよ」と言っていました。皆様がいたからこそ、兄は楽しく走り続けてこれたのではないでしょうか。このような心温まる会を開催していただき、あらためて感謝いたしております。素晴らしいお仲間に巡り合えて、兄はなんと幸せ者だったろうとつくづく思っております。

本日は、皆様と一緒に兄を偲《しの》び、兄との思い出を伺えましたことは、私たち家族にとっては、たいへん嬉しい貴重なひとときでした。あらためて、心からの感謝を述べまして、遺族代表のあいさつとさせていただきます。

誠にありがとうございました。

結びの言葉

遺族の今の心境

実例8
遺族

友人に恵まれた故人を思って（追悼会）

話し手
子

故人
親

皆様、本日は亡き父のためにこのように盛大な会を催していただき、誠にありがとうございました。

お忙しいなか、またお足元の悪いなか、大勢の方にお集まりいただき、父もさぞかし喜んでいると存じます。

家族の前では無口で、少々気難しい父親でしたが、皆様のお話を伺って、チームワークが大切な仕事柄、友情に厚く、面倒見のよい人であったことを知りました。

仕事のことや家庭のことなど、もっと父に甘えて相談しておけばよかったと、今更ながら残念な気がします。それはともかくとして、父と親しくしてくださった皆様とお話ができましたことは、私にとって、とても嬉しいことでございました。

このように素晴らしい会を開いてくださる方に囲まれて、本当に父は幸せな一生を送ったと感じております。

心から感謝を申し上げまして、お礼のあいさつとさせていただきます。本日は誠にありがとうございました。

参列やお世話になったことへのお礼

遺族の今の心境

結びの言葉

実例9
主催者
（発起人）

恩師の思い出を語る会でのあいさつ（追悼会）

話し手
教え子

故人
先生

　皆様、本日は「内山先生を偲《しの》ぶ会」にご出席いただき、誠にありがとうございます。私は、この会の発起人の佐渡静と申します。内山ゼミの卒業生の一人で、平成十三年、母校を卒業いたしました。

　先生がお亡くなりになってから、早いもので、五年という月日が経《た》ちました。その間、ここにお集まりの皆様は、学年の近い小グループで集まったり、個別にお墓参りをさせていただいたりしたようです。

　先日、ひょんなことから後輩の一人と話をする機会があり、先生を懐かしむ話をするうちに、この会の開催へと話が進みました。

　本日は先生のご遺族の方々、縁の深かった皆様をお迎えいたしました。先生の偉大な足跡と、優しいお人柄を偲び、大いに思い出話の花を咲かせていただければと存じます。

　それでは、まずは日本古典文学研究会会長の広岡功一先生に献杯《けんぱい》の音頭《おんど》をお願いいたしたいと存じます。

参列やお世話になったことへのお礼

結びの言葉

3章

弔問側

葬儀・法要でのあいさつ

お悔やみ・弔辞・法要でのあいさつ

お悔やみの言葉、弔辞の文例、法要でのあいさつ文例を
多数紹介しています。
通夜、葬儀、法要などに参列する際のマナー、
香典などお金のことも解説しています。

弔問の際のマナー

通夜前に駆けつける場合

身内や親しい友人などの場合、訃報《ふほう》を受けたら、すぐ駆けつけます。その際は、平服でかまいませんが、できるだけ地味な色を選びましょう。

香典《こうでん》は、通夜《つや》前の弔問《ちょうもん》に持参すると用意していたと見なされるので、通夜か葬儀・告別式に持参します（➡P146）。弔問に訪れたら、遺族に短くお悔やみを伝え（➡P153）、親しい間柄であれば手伝いを申し出るとよいでしょう。

通夜、葬儀・告別式に参列する場合

開始時刻の十分前には到着するよう出向きましょう。受付ではひと言お悔やみを述べ、香典を渡します。やむを得ず遅れた場合は、末席に座り、お悔やみは辞去する際に伝えます。

通夜と葬儀・告別式では、時間の都合がつきやすいほうに参列してかまいません。しかし、故人と親しい間柄であれば、どちらにも参列できるよう尽力する配慮がほしいものです。

弔問できない場合

弔問できないからと、取り込み中の喪家《そうか》に、電話でお悔やみを伝えるのは控えます。弔電《ちょうでん》を打つか代理を立てるかし、後日、先方の都合を確かめてから、あらためて弔問します。

それも無理なら、お悔やみとお詫《わ》びの手紙を添え、香典を郵送します（➡P146）。

ふさわしい服装

黒の喪服は、正式には遺族が着るものですが、今は弔問者もブラックスーツを着用するのが一般的です。

男性はダークスーツでもかまいませんが、靴やネクタイは黒にします。コートを持参する場合も、なるべく地味な色を選びます。

女性のアクセサリーは、結婚指輪、真珠の一連ネックレス、真珠の一粒イヤリングのみ可です。仏式であれば、数珠を用意するといいでしょう。

基本的に喪服はどの宗教も共通です。男性はブラックスーツ、女性は黒のスーツかワンピース。黒であっても、皮革製や光る素材は避けましょう。

弔電の申込み

申し込み	インターネットは24時間申込み可能。19時までの受付は当日中の配達。それ以降は翌日の午前8時以降に配達。	
	電話	局番なしの115（8:00～22:00／年中無休）
	インターネット	NTT東日本　http://www.ntt-east.co.jp/dmail/
		NTT西日本　http://dmail.denpo-west.ne.jp/

［注意点］
- 差出人の名前を必ず入れること。
- 宛名は喪主の名前、もしくは「御遺族様」。
- 届け先の住所やメッセージの内容はあらかじめ調べておくこと。
- 通夜または葬儀・告別式当日にその会場に届くように送る。

香典などの準備と渡し方

金額とお札

香典は、香に変わって霊前《れいぜん》に供えるお金のことですが、宗教によらず用意するのがマナーです。金額は身内以外なら、一般的には五千円程度が基準となり、故人との間柄や地域の慣習などで違いが出てきます。贈る側の社会的地位なども考慮しましょう。

お札は事前に用意していたという印象を与えないために、新札を避けるのが慣例ですが、あまりにもしわの多いものは失礼にあたります。最近では、汚いお札よりは新札のほうがいいという考えもあります。新札が気になる場合は、縦に一度折り目を入れておくといいでしょう。不祝儀袋《ぶしゅうぎぶくろ》は、宗教ごとにルールがありますので、どの宗教による葬儀か確認しておきます。

弔問できない場合

遠方での葬儀や、やむを得ない事情で、通夜にも葬儀・告別式にも参列できない場合は、四十九日の忌明《きあ》けまでに、不祝儀袋に入れた香典を現金書留《げんきんかきとめ》で郵送します。四十九日のあとに、遺族から亡くなった知らせを受けた場合は、そのあとの法要や一周忌にあわせて送ります（➡P202）。

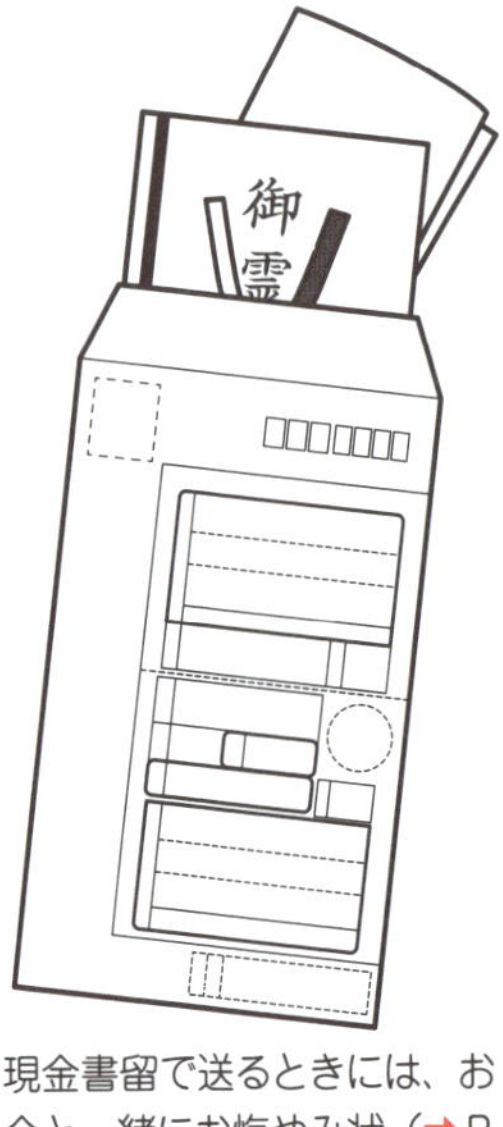

現金書留で送るときには、お金と一緒にお悔やみ状（➡P220）を同封しましょう。

香典・供物などの目安

	故人	金額
香典	親	5～10万円
	きょうだい	3～5万円
	親類	1～3万円
	職場の人	5,000～1万円
	友人	5,000円前後
	近所の人	5,000円前後
	●贈る人の年齢や関係によって異なります。職場や町内会などで、あらかじめ金額を決めている場合は、それに従います。	

	贈る品	金額
供物・供花	線香・ロウソク	3～5,000円
	菓子・果物	1～5万円
	供花	1～5万円
	●仏式では、線香、ロウソク、干菓子、果物など。神式では、干菓子、果物のほか、お酒など。キリスト教式では、供花のみ。	

こんなとき どうする？

供物や供花を贈る場合

霊前に供える供物《くもつ》や供花《きょうか》は、一方的に贈っても、設置スペースなどがとれないことがあります。手配をする前に、贈ってもいいかどうか、遺族の意向を聞くようにしましょう。辞退する旨が葬儀案内などに書かれていれば、それに従います。

供物はお店での購入時に、供物用であることを伝えれば、黒いリボンや弔事用のかけ紙をかけてくれることもあります。贈る品物は宗教によって違うので注意しましょう（➡上表）。

供花は葬儀を取り仕切る葬儀社か生花店に注文します。個人で贈る供花には赤などの鮮やかな色は避け、白を中心とした花にします。通常、とげのあるバラは避けますが、故人の好きだった花であれば贈ってもいいでしょう。花輪は団体として贈るのが一般的です。

不祝儀袋の選び方

表書きは宗教によって変わりますが、宗教が分からない場合は、「御霊前」の表書きにします。悲しみを表す薄墨の筆ペンで書くのがマナーです。

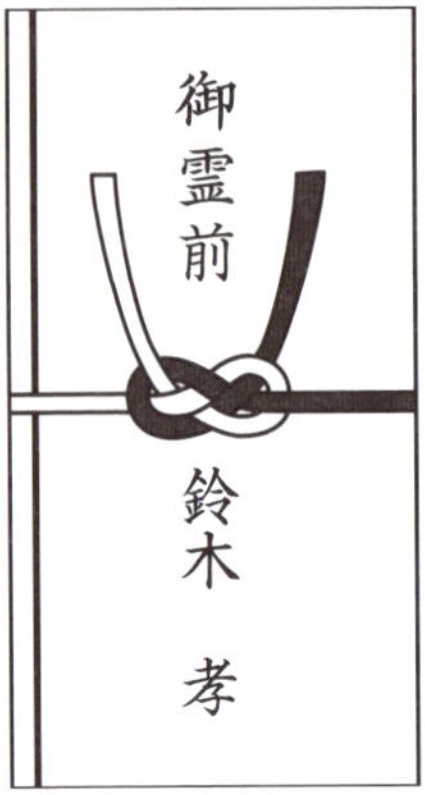

[共通]

表書き／御霊前
水引き／黒白
黒銀

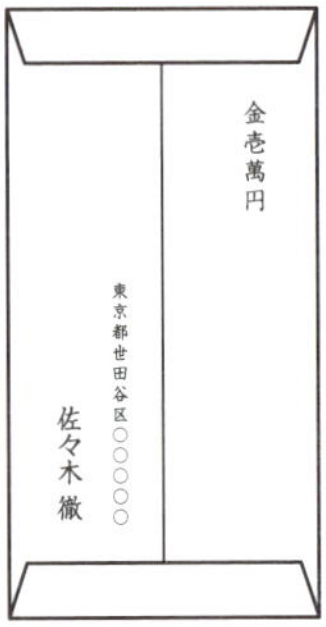

[中袋]

表面にはなにも書かない。裏面の右上に漢数字で金額を、左側に住所、氏名を書き、お札を入れる。

[仏式]

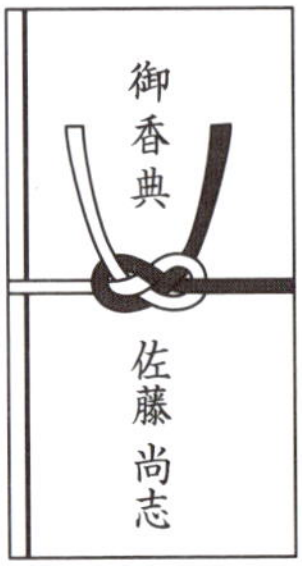

表書き／御香料　御香典
水引き／黒白
双銀

[神式]

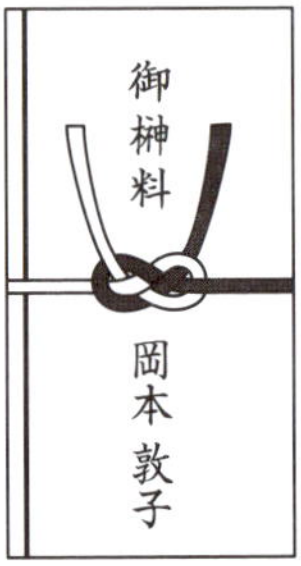

表書き／御玉串料　御榊料
水引き／黒白　双銀
双白

[キリスト教式]

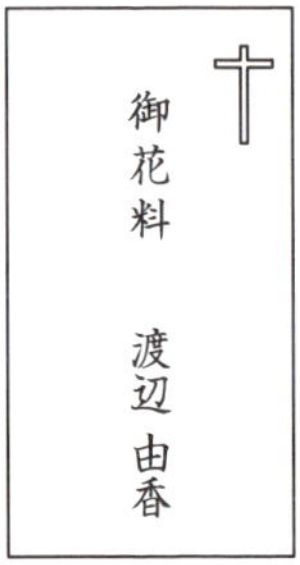

表書き／御花料
水引き／なし

袱紗の包み方

香典は、不祝儀袋に入れて、不祝儀用の袱紗か地味な色の風呂敷に包みます。

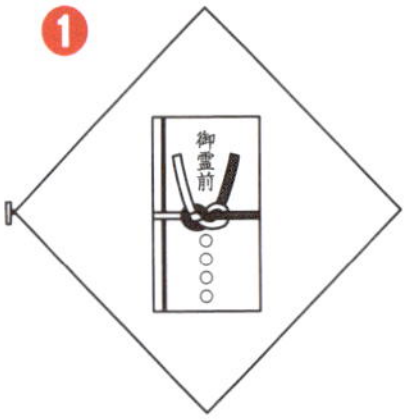

❶ つめを左側にして、袋を置く。

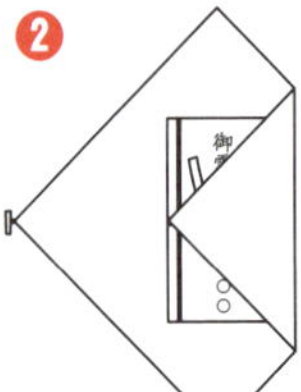

❷ 右の角を袋の縁に沿ってたたむ。

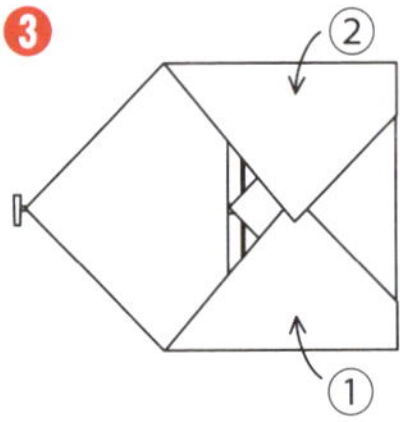

❸ 下の角、上の角の順にたたむ。

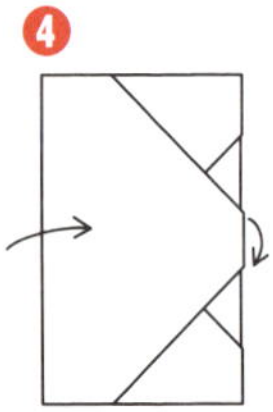

❹ 左側を巻き込むようにたたみ、つめを留める。

香典の渡し方

不祝儀袋に入れた香典は、通夜か葬儀・告別式のどちらかに持参します。その際、袱紗《ふくさ》かふろしきに包み、むきだしにしないのがマナーです。

持参した香典は、それぞれの受付の際に袱紗から出し、「このたびは御愁傷様《ごしゅうしょうさま》でございます」「御霊前《ごれいぜん》にお供えください」などと添えて渡します。

受付がない場合は、焼香の際に霊前に供えるか、お悔やみの言葉を添え遺族に手渡します。

遺族に直接手渡すときには、表書きが相手の正面になるように差し出します。霊前に供える場合は、表書きが自分の正面になるように置くのが礼儀です。ただし、すでに供えてある香典があれば、それと同じ向きに置くようにします。

通夜に持参した場合は、葬儀・告別式に持参する必要はありませんので、「通夜にうかがいましたので」と伝え、記帳だけ行うようにします。

香典の渡し方

❶

「このたびは御愁傷様です」とひと言あいさつし、一礼する。

❷

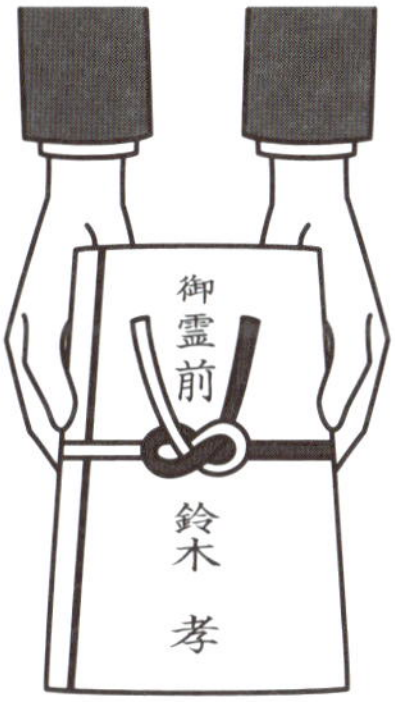

袱紗から香典を出し、表書きが受付の人の正面になるように差し出す。

❸

芳名帳に住所または会社などの所属と氏名を記帳し、一礼する。

宗教別　お悔やみのしかた

仏式

●抹香《まっこう》による回し焼香

❶
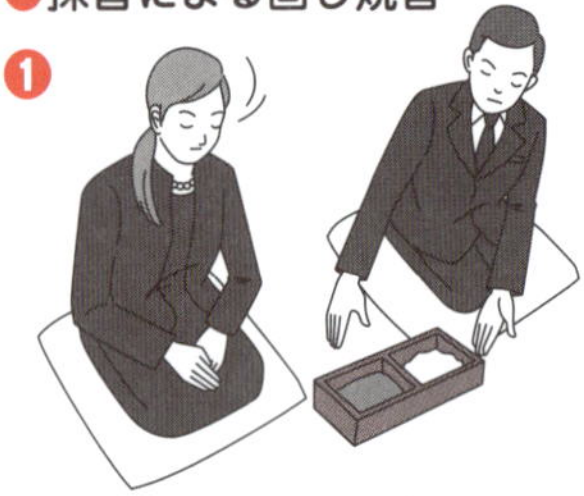

香炉を回してくれた人に軽く一礼し、自分の正面に置き、遺影に一礼、合掌《がっしょう》する。

❷

親指、人差し指、中指で抹香をつまみ上げる。

❸

抹香を目の高さまで捧げ、香炉にくべる。これを１～３回繰り返す（浄土真宗では抹香を上に捧げず、そのまま香炉にくべる）。

❹

遺影に向かって一礼し、次の人に香炉を渡す。

●線香による立式焼香

❶

遺族や僧侶に一礼、遺影に向かって一礼する。

❷
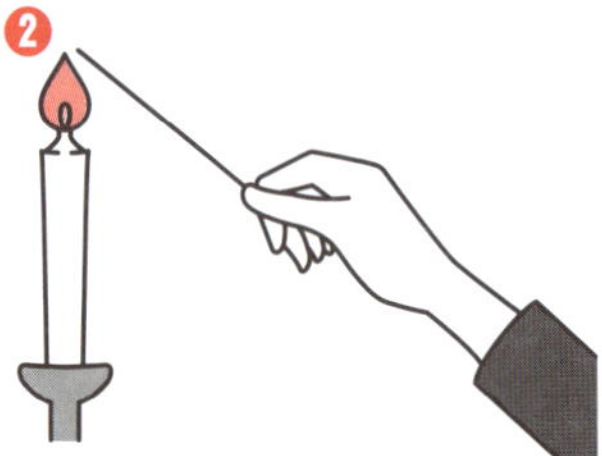

ろうそくで線香に火をつける。

❸

手であおぐようにして、線香の火を消してから香炉《こうろ》に立てる。

❹

遺影に一礼し、合掌する。席に戻る前も遺族、僧侶に一礼する。

キリスト教式

●献花《けんか》

❶

祭壇に向かって進み、遺族に一礼。両手で花を受け取る。花の部分を右手に。

❷

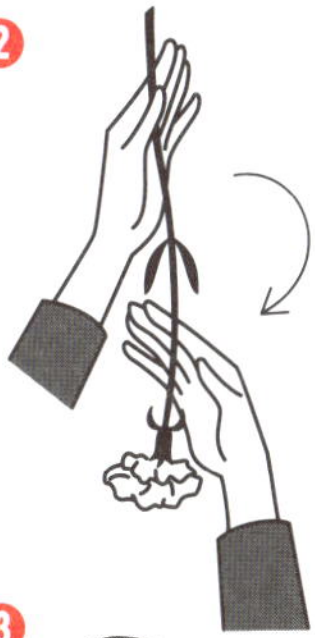

祭壇に向かって一礼する。花の部分が自分の手前に来るように時計回りに回す。

❸

左手の甲を茎の下にし、献花台に花を置く。

❹

遺影に向かって一礼する。席に戻るとき、遺族に一礼する。

神　式

●玉串奉奠《たまぐしほうてん》

❶

榊の枝を受け取る。右手が枝、左手が葉先。

❷

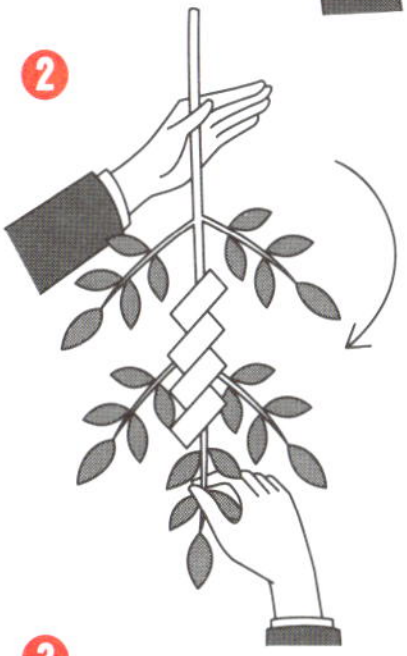

玉串案（玉串を奉納する台）の前まで進み、一礼。葉先が自分の手前にくるように枝を時計回りに回し、玉串を置く。

❸

一歩下がって二礼し、しのび手（音を立てずに）で二拍手。最後に深く一礼する。

❹

遺族、神官に一礼し、席に戻る。

お悔やみの言葉の心得

お悔やみの心得

お悔やみは弔問《ちょうもん》に訪れた際に、遺族や喪家《そうか》側に伝える短い言葉です。通夜《つや》の前にとりあえず駆けつけた場合は、玄関先で対応してくれる人にお悔やみを述べましょう。わざわざ遺族を呼び出してもらったり、忙しそうな遺族に声を掛けるのは避けます。対応してくれる人が、自分と面識のない相手であれば、自分の名前と故人との間柄を先に告げます。

手伝いを申し出るなどの場合は、相手の迷惑にならないように「何かできることがありましたら…」と、謙虚な姿勢を心掛けましょう。

通夜や葬儀に参列するときには、まず受付でお悔やみを述べます。遺族と対面したときであっても、故人の生前のことなどを長々と話すのは迷惑になります。お悔やみの言葉をひと言、丁重《ていちょう》に述べるにとどめましょう。弔事《ちょうじ》には使ってはいけない忌み言葉や、宗教特有の言葉があります。遺族を傷つけないよう、言葉選びには十分注意しましょう（➡P16）。

電話でのお悔やみは、なにかと忙しい先方に迷惑となるので、控えるのがマナーです。

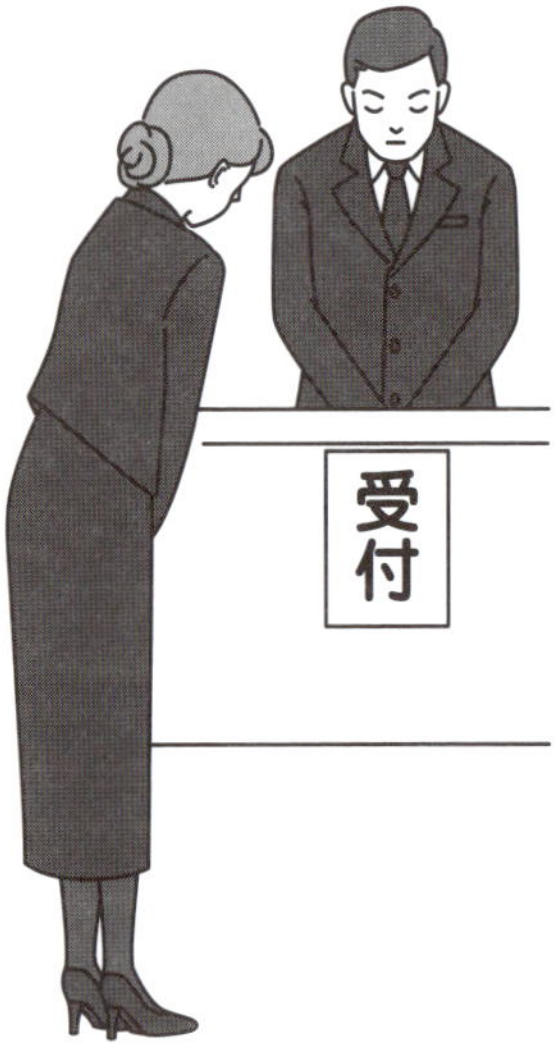

基本文例

一般的なお悔やみ

このたびは、誠にご愁傷様《しゅうしょうさま》です。心からお悔やみ申し上げます。

このたびは突然のことで、お力を落としと存じます。お慰《なぐさ》めの言葉もございません。

取るものもとりあえず伺いましたが、いまだに信じられません。ご胸中《きょうちゅう》お察しいたします。どうか気を強くお持ちになってください。

このたびは思いもかけないことで、気が動転してしまい、お慰《なぐさ》めの言葉もございません。心からご冥福《めいふく》をお祈り申し上げます。

ご連絡をいただいて、たいへん驚きました。おつらいこととは存じますが、遺されたご家族のためにも、お気をしっかりとお持ちになってください。

●お悔やみの言葉は簡潔に。ひと言、ふた言の短いものにする。
●死亡や亡くなるという直接的な言葉は使わない。「突然のこと」「思いもかけないこと」などと言い換える。

基本文例

通夜の前に駆けつけた場合

連絡を受けまして、取るものもとりあえず駆けつけました。心からお悔やみ申し上げます。

このたびは、ご愁傷様《しゅうしょうさま》でございます。まさかと思いながら駆けつけて参りました。

このたびは誠に残念なことで、心からお悔やみ申し上げます。悲報《ひほう》を聞きまして、とりあえず駆けつけて参りました。急なできごとで、まさかと思い嘆き悲しんでおります。

また、あらためまして、通夜《つや》に参ります。

突然の悲報に驚き、まさかと思いながら駆けつけて参りました。飯村さんにはお世話になりましたのに、ご恩返しもできず残念です。

心から、ご冥福《めいふく》をお祈りいたします。

●「取るものもとりあえず駆けつけました」など、急いでやってきたことを伝える。
●玄関先で、出てきた人に述べればよい。わざわざ遺族を呼んでもらう必要はない。

基本文例

故人が病死の場合

このたびは、心からお悔やみを申し上げます。ご入院中はお見舞いにも伺えず、たいへん失礼をいたしました。必ず快復されると信じておりましたのに残念です。安らかにお眠りになるよう、お祈りいたします。

入院中と伺っておりましたが、まさかこんなに急に逝《い》かれるとは夢にも思っておりませんでした。心からお悔やみ申し上げます。

このたびは、心からお悔やみを申し上げます。懸命の看病を見るにつけ、お慰《なぐさ》めの言葉もありません。奥さまの献身的《けんしんてき》なご看病には、ご主人も感謝しておられるでしょう。どうかお疲れの出ませんように…。

早いご快復を祈っておりましたが、私も本当に残念でなりません。しばらくたいへんかと存じますが、お体に気をつけて。心を強くお持ちになってください。心からご冥福《めいふく》をお祈り申し上げます。

- お見舞いに行かなかった場合は、そのお詫びもひと言添える。
- 療養中のことについては、お悔やみの席では尋ねないようにする。
- 病気療養期間が長かった場合には、遺族に看病に対するねぎらいの言葉をかけるとよい。

基本文例

故人が急死・事故死の場合

このたびは、あまりに突然のことで、なんと申し上げてよいやら、言葉も見つかりません。心よりお悔やみ申し上げます。

つい先日元気にお会いしたばかりでしたのに、いまだに信じることができずにおります。黒川さんのような方が、こんなにも突然いなくなってしまわれるなんて……。ご遺族様もさぞ無念でございましょう。心よりご冥福《めいふく》をお祈り申し上げます。

突然の知らせをいただきまして、まさかと思いながら駆けつけました。ご家族の心中もいかばかりかとお察し申し上げます。どうか、お気持ちを強く持ってください。

あまりに急なことで、何の準備もできず駆けつけました。さぞおつらいでしょうが、どうぞお力を落とされませんように……。

●取るものもとりあえず弔問に伺ったことを伝える。
●遺族は取り乱していることが少なくない。その悲しみを深めないように、落ち着いた態度で弔意を述べる。

基本文例

故人が高齢だった場合

このたびのご不幸、ご愁傷様《しゅうしょうさま》です。天寿《てんじゅ》を全《まっと》うされたかとも思いますが、やはりもっとお元気でいていただきたかった……。

お母様にはお気の毒さまです。人生の先輩として頼りにしておりましたのに残念でなりません。心からお悔やみ申し上げます。

知らせを受け、駆けつけて参りました。まだお教えいただきたいこともたくさんありましたのに、とても寂しく感じております。心より、ご冥福《めいふく》をお祈り申し上げます。

●天寿を全うした年齢であったとしても、やはり遺族は寂しいもの。「よかった」などの表現は差し控える。

基本文例

故人が幼い子の場合

ゆりちゃんがこんなことになってしまい、申し上げる言葉も見つかりません。ご無念のこととお察し申し上げます。

ご快復を信じておりましたのに、おつらいでしょう。でもどうか、お気持ちを強くお持ちください。

懸命なご看病をされていただけに、ご無念の心中お察し申し上げます。でも、ご両親の懸命なお気持ちは、きっとお嬢さんにも伝わっていると思います。手は尽くされたのですから、どうかご自分をお責めにならないでください。

●親は、子どもの死に責任を感じることが少なくない。少しでも気が楽になるように、言葉を選ぶことが大切。

基本文例

子どもを遺して配偶者が亡くなった場合

このたびは突然のご不幸、ご愁傷様《しゅうしょうさま》でございます。さぞおつらいことと存じますが、お子さまたちのためにもお気を強くお持ちください。

このたびのご不幸、小さなお子さまを遺《のこ》してのことだけに、山下さんもさぞご無念なことでしょう。心よりご冥福《めいふく》をお祈り申し上げます。

このたびは心よりお悔やみ申し上げます。長年一緒に過ごされただけにおつらいことでしょう。胸中《きょうちゅう》お察し申し上げます。

小さいお子さまがいらっしゃってたいへんと存じますが、お力になれることがあればおっしゃってください。

●遺族と親しい間柄であれば、「力になれることがあれば」などの気持ちを示す。

基本文例

代理で弔問した場合

このたびは、心よりお悔やみ申し上げます。黒沢さんにお世話になっておりました、金子利雄の妻の智子と申します。本来なら夫がお伺いすべきところですが、ただいま出張中でして、私が焼香《しょうこう》にお伺いしました。夫もすぐに戻り、お焼香をさせていただくつもりですが、本日のところはご容赦《ようしゃ》くださいませ。

●「誰の代理で来たのか」「なぜ代理なのか」を簡潔に伝える。

このたびはまことにご愁傷様《しゅうしょうさま》でございます。太田さんと親しくさせていただいていた、中河栄治の息子の孝治と申します。父が体調を崩しておりますので、私が代理でお伺いいたしました。

父も体調がよくなり次第、ごあいさつにお伺いしたいと申しております。本日の失礼、どうかお許し願います。

●本人が来られないことを必ずひと言詫び、本人が来られるようになりしだい、あらためて伺うことを伝える。

このたびは突然のことで、心からお悔やみいたします。中西株式会社の鈴木と申します。営業担当者として懇意《こんい》にしていただいた木村が地方に出張しておりますので、代理で参りました。
木村も戻りしだい、ご焼香《しょうこう》にお伺いすると申しておりましたので、本日はお許しください。

基本文例

手伝いを申し出る場合

このたびのご不幸、心よりお悔やみ申し上げます。ご近所ですので少しでもお力になりたいと思っております。何かお手伝いできることがありましたら、どうぞお申しつけください。

このたびは思いがけないことで、心よりお悔やみいたします。私にできることがあれば、なんでもお申しつけください。

●近所に住んでいる、会社の同僚であるなどの関係であれば、すぐに弔問に行き手伝いを申し出る。

このたびはご愁傷様《しゅうしょうさま》でございます。突然のことで、さぞお力を落としでしょう。会社を代表し、取るものもとりあえずやって参りました。お手伝いできることがありましたら、何なりとお申しつけください。

このたびは心よりお悔やみ申し上げます。手伝いは無用とお聞きしましたので通夜《つや》にあらためるつもりではありますが、何かありましたらご遠慮なくお申しつけください。

●手伝いを申し出る際も、まずは弔意を表すことを忘れずに。

基本文例

キリスト教式の場合

突然のことで、心からお悔やみ申し上げます。どうか安らかな眠りにつかれますように、お祈りさせていただきます。

ご連絡をいただきまして、駆けつけて参りました。どうぞお父様の御霊《みたま》安らかにとお祈り申し上げます。

●「冥福」「供養」などは仏教用語なので、他宗教では使わないように注意する。

基本文例

神式の場合

本当にこのたびは残念なことでした。お嬢様の御霊《みたま》安らかにと謹《つつし》んでお祈りいたします。

生前はひとかたならぬお世話になり、ありがとうございました。とてもよくしていただいたので、残念でなりません。

謹《つつし》んでお悔やみ申し上げます。

●「御霊安らかに」はキリスト教式だけではなく、神式の場合でも使える。

基本文例

故人との対面―受ける場合

ありがとうございます。では、お別れをさせていただきます。

ありがとうございます。ではお言葉に甘えてそうさせていただきます。

●対面を受けるにしても断るにしても、「ありがとうございます」のひと言をまず添える。

基本文例

故人との対面―受けない場合

ありがとうございます。ただ、今はもう突然のことで心が乱れております。お心遣いはうれしいのですが、ご遠慮させてください。

ありがとうございます。ご生前の姿を胸に留めておきたいので、ご遠慮させてください。お心遣いに感謝します。

●対面して取り乱しそうなど、どうしてもできない心境であれば、丁重《ていちょう》に断ってもよい。

基本文例

故人との対面―対面のあと

ありがとうございました。とても安らかなお顔でいらっしゃいますね。お別れをさせていただき、ありがとうございました。

ありがとうございます。もう、胸がいっぱいでございます。お心遣い、感謝いたします。

●胸につまっても、お礼のひと言は伝える。

告別式での弔辞

弔辞は、故人を弔うとともに、参列者に故人の人柄や功績を伝えることが重要になります。悲しみだけを表したり、形式的な美辞麗句《びじれいく》を並べることは避けましょう。奉書紙《ほうしょし》か巻紙《まきがみ》に筆でしたためるのが正式で、表書きは「弔辞」「弔文《ちょうぶん》」「弔詞《ちょうし》」などとします。

●友人・同僚・仲間へ➡P169
●上司・先輩・恩師へ➡P180
●部下・後輩・教え子へ➡P188
●親族へ➡P194
●社葬・団体葬➡P198

弔辞を依頼されたら

弔辞《ちょうじ》は故人へ捧《ささ》げる言葉です。依頼されたら、最後の別れを告げる機会を与えてくれた遺族に感謝し、よほどのことがない限り、引き受けるのが礼儀です。文章や文字のうまい下手ではなく、気持ちが大切です。

弔辞を用意する

遺族から弔辞の予定時間を聞き、一分間で二百五十字程度を目安に、文案を考えましょう。社葬や団体葬など格式を重んじるときは文語体でもかまいませんが、わかりやすい口語体のほうが、聞き取りやすくなります。まず、「謹《つつ》んで○○さんの御霊前《ごれいぜん》に申し上げます」といった故人への呼びかけから始めるのがふつうです。

弔辞の基本構成

1. 故人へ呼びかけ
↓
2. 死を知った驚きや悲しみ
↓
3. 故人の経歴と自分の関係
↓
4. 人柄や功績を交えたエピソード
↓
5. 故人へのメッセージ
↓
6. 遺族へのお悔やみの言葉
↓
7. 冥福を祈る言葉

読む際の心得

弔辞は、故人や参列者に語りかけるように、ゆっくり、ていねいに、心を込めて読みましょう。感傷的になりすぎるとかえって、遺族の悲しみをあおるだけです。背筋を伸ばし、落ち着いた態度を心掛けます。読み上げた弔辞は、霊前に捧げます。

弔辞を読む手順

1. 祭壇の前に進み、遺族、宗教者、遺影に一礼する。
2. 上紙から弔辞をていねいに取り出す。
3. 用紙を軽く掲げるように持ち、読み上げる。
4. 読み終わったら上紙に戻す。
5. 表書きを祭壇にむけて、霊前に供える。
6. 遺影、遺族、宗教者に一礼して席に戻る。

弔辞の包み方

1

厚手の巻紙か奉書紙に縦書きの楷書体、薄墨の毛筆で書く。

2

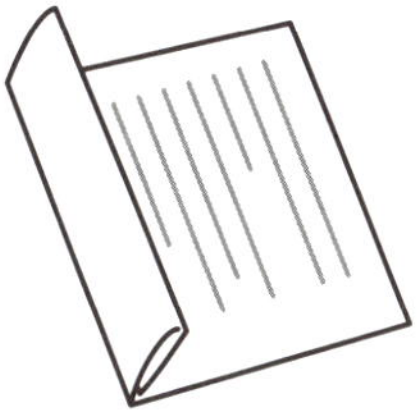

10センチ幅で、左から巻き折る。

3

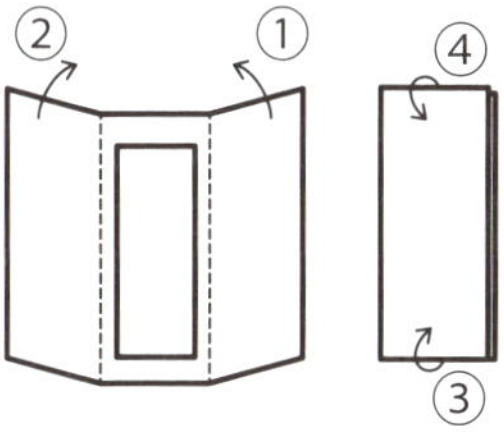

上紙を三つ折りにし、右、左、下、上の順に包む。

4

「弔辞」と表書きをする。

基本文例

一般的な弔辞 ― 思い出を交えて

篠崎朋子さんのご霊前《れいぜん》に臥《ふ》しまして、大学時代からの友人を代表し、最後のごあいさつをさせていただきます。どうか、ここではいつものように「朋ちゃん」と呼ぶことをお許しください。

朋ちゃん、こうしてあなたの霊前に向かい合っている今も、なぜこのような不慮の事故が起こってしまったのか、あなたがなぜこんなにも早く逝《い》ってしまったのか、やりきれない思いで胸が潰されそうです。

朋ちゃんとは大学時代からの親友で、それぞれ別の道に進んでも、決して切れることのない絆がありました。

年をとっても一緒に旅行できる仲でいたいよね、と話したときのこと覚えていますか。私はそのときのあなたの笑顔が、昨日のことのように鮮明に思い出されます。もう果たせない夢となってしまったことが、悔しくて仕方ありません。

どんな時でも明るく前向きな朋ちゃんに、何度励まされたことでしょう。私は、あなたの思い出を大切に、これからの毎日を過ごして

❶ 故人へ呼びかけ
●生前に親しんだ呼び名を使う場合は、最初に断りを入れる。

❷ 死を知った驚きや悲しみ
●悲報を聞いての驚きや悲しみを、故人に呼びかける形で表現する。

❸ 故人の経歴と自分の関係
●故人と自分との関係を、参列者にわかるように語る。

❹ 人柄や功績を交えたエピソード
●故人の人柄や、長年の親交のようすが伝わるエピソードを中心に。

❺ 故人へのメッセージ
●友人代表として、感謝の気持ちや決意を述べる。

いきます。

ご遺族の皆様にとっても、ご悲嘆は計り知れないものと思います。どうかお心を強くお持ちになるよう、祈念《きねん》いたします。

朋ちゃん、どうぞ安らかにお眠りください。心からのご冥福《めいふく》をお祈りして、弔辞《ちょうじ》に代えさせていただきます。

❼ 冥福を祈る言葉
●故人への鎮魂の言葉で締めくくる。

❻ 遺族へのお悔やみの言葉
●遺族へのお悔やみや、いたわりの言葉も忘れずに。

基本文例

一般的な弔辞―人柄を偲んで

本日ここに、宮田博さんの葬儀が執《と》り行われるにあたり、その御霊《みたま》に、謹《つつし》んで惜別《せきべつ》のごあいさつを申し上げます。

宮田課長は、これまでプロジェクトチームの長として手腕を奮い、その成果がこれからというときに、病に倒れ、そして帰らぬ人となってしまいました。

たいへん残念でたまらず、チーム一同、深い悲しみに打ちひしがれております。

❶ 故人へ呼びかけ
●最初に、故人に対する呼びかけを行う。

❷ 死を知った驚きや悲しみ
●病に倒れたときの状況や、今の率直な気持ちなど。

部下を叱咤激励し、仕事にあってはとても厳しい方でした。しかし、いったん仕事を離れると、人間味あふれる人柄で、私たちの悩みや相談事に熱心に耳を傾けてくれました。また、ご家庭ではよき父として、お子さんたちのキャンプや運動会のことなどを、楽しそうに話されていたお姿が今でも目に浮かびます。そんな課長が、一年ほど前から病を抱えていたとはまったく知りませんでした。その強靭な気力で病魔と闘い続け、私たち部下を育ててくれた日々…。課長らしいと思うとともに、永遠のお別れへの無念さもつのります。

ご家族のお気持ちを察しますと、お慰《なぐさ》めの言葉もございません。衷《ちゅう》心《しん》よりお悔やみ申し上げます。

最後に万感《ばんかん》の思いをこめて、宮田課長、本当にありがとうございました。

❹ 人柄や功績を交えたエピソード

●上司として、人として尊敬していたというメッセージを盛り込むと、追悼の念が伝わりやすくなる。

❻ 遺族へのお悔やみの言葉

●残された遺族への慰めや、励ましの言葉も添える。

❼ 冥福を祈る言葉

●弔辞は故人に向けて語るもの。最初と最後の呼びかけを忘れないことが大切。

実例1
友人・同僚・仲間へ

大きな悲しみを感じながら

読み手
友人

故人
友人

佐伯真人君、君とはついこの間も楽しく語り合ったばかりなのに、君の霊前《れいぜん》に立ち、悲しいという言葉さえ、空しく響く思いでいっぱいです。

君とは大学時代からのつき合いでした。とても気が合い、お互い就職してからも、仕事や趣味、ガールフレンドのこと、よく飲みながら語り合った親友です。

学生時代、アウトドアが好きだった君は、自ら計画を立てて、サークルやクラスの仲間をキャンプに連れ出していたよな。出不精だった僕のこともよく誘ってくれた。最初は面倒だと思ったキャンプ料理も、ひと通り伝授してもらったおかげで、鍋でご飯を炊くこともできるようになった。君がこの前、久しぶりに僕の部屋に遊びに来たときの鍋料理も、うまかっただろ。君は「鍋は誰が作ってもうまい」なんて言いながら、材料の選び方に絶妙のポイントがあるという僕のうんちく話を、笑いながら聞いていたね。

あの日君は、会社で、始めて大きな仕事を任されたと、嬉しそうに教えてくれた。責任も重くなるけれど、仕事が楽しくてしょうがないって。僕も、会社では同じような立場になり

故人へ呼びかけ

故人の経歴と自分の関係

人柄や功績を交えたエピソード

つつあったから、その気持ちがよく理解できた。だからこそ、これからもずっと、お互いの人生の分岐点に立ち合いながら、年を取っていくんだと思っていた。いつかは、家族を持った君と、子どもや老後のことを語る日がくるんだろうなと。そう漠然と思っていた僕に、君の突然の悲報は、いまだに信じられない。願わくば、もう一度一緒に、君と杯を傾け、朝まで語り合いたかった。

最後に、君の在りし日の遺影の前で、永遠の別れを申し上げ、衷心《ちゅうしん》よりご冥福《めいふく》を祈って弔辞とします。さようなら佐伯君。安らかに休んでください。

人柄や功績を交えたエピソード

冥福を祈る言葉

実例2 友人・同僚・仲間へ

故人の夢を紹介しながら

読み手 友人

故人 友人

杉本美穂さん。市立桐野中学三年一組を代表して、お別れの言葉を述べさせていただきます。こういう場ですが、いつも通り、美穂ちゃんと呼ばせてください。

美穂ちゃん、あなたは入院する当日の朝まで学校に来て、「すぐ戻ってくるから。みんな、受験が近いからがんばってね。私もがんばるから」と、私たちに言って、手を振りながら病

故人へ呼びかけ

院に向かったね。それが、こんなことになるなんて、クラスの全員が今でも信じられない思いでいっぱいです。みんな、美穂ちゃんが笑顔で教室に戻ってきてくれるのを、心待ちにしていました。

「将来、英語の先生になりたい」といっていたあなたは、英語の授業の前には、必ず声を出して教科書を読んでいたね。単語テストも毎回、満点だったね。私たちも「見習わなくちゃ」と、一生懸命単語を覚えたものです。

二学期の音楽祭、覚えていますか。美穂ちゃんがピアノで伴奏して、みんなで歌った「流浪の民」。「私がミスするわけにはいかないから」と、夏休みの間から、家で毎日ピアノの練習をしていたそうですね。二学期の最初の練習のとき、美穂ちゃんのピアノは完璧だったのに、私たちのハモリがうまくいかなくて、それから、クラスみんなで、放課後一生懸命練習したよね。二位に入賞したとき、嬉しくて、一緒に抱き合って泣いたときのことは、ずっと忘れません。

美穂ちゃんにもう会えないなんて、とても悲しく、さびしいです。

私たちは、これからも美穂ちゃんから学んだ「何事にも一生懸命にがんばる」精神で、いろいろなことに向かっていきます。

短い間だったけど、みんなにたくさんの大切な思い出をくれて、どうもありがとう。ずっと忘れないからね。どうか安らかにお眠りください。ご冥福《めいふく》をお祈りいたします。

死を知った驚きや悲しみ

人柄や功績を交えたエピソード

故人へのメッセージ

冥福を祈る言葉

実例3
友人・同僚・仲間へ

遺族への支援を約束して

読み手
友人

故人
友人

荒井康夫さん、謹《つつし》んで哀悼《あいとう》の言葉を捧《ささ》げます。

花を愛し、緑を愛し、自然が大好きだった荒井さん。つい先日、一緒に花見へ出かけたというのに、今こうしてあなたに永《なが》のお別れのごあいさつをしようとしています。これは果たして本当のことなのでしょうか。こうしていても、信じられない思いでいっぱいです。

あなたの山への飽くなき挑戦は、まさに生きがいそのものでしたね。皆が思わずひるむような高峰も、あなたはいつも私たちの先頭に立ち、頂上を目指して登り続けた。その雄々しくも頼もしいうしろ姿が、目の前で叱咤してくれていたからこそ、どんなにたいへんなことがあっても、同じ頂上に、皆でたどり着くことができたのだと思います。私たちはいつも、あなたの背中に支えられていました。

山岳会の皆を支えてきた根っからの山男・荒井さんですが、その彼の支えとなってきたのが、奥様と、まだ幼い二人の息子さんです。山に登る際には必ず家族の写真を身につけ、「行ってくるからな」と声をかけていた荒井さん。ときおり、ご家族が下山ポイントまで迎

故人へ呼びかけ
死を知った驚きや悲しみ
人柄や功績を交えたエピソード

えに来られる姿もお見かけしました。心の通い合った愛情に、こちらの心まで温かく和んだものです。ですから、荒井さんはたとえ死が迫る危険な状況にあっても、必ずご家族のもとへ戻ってくる、私はそう信じていました。今回の遭難の知らせを聞いたときも、私は無事を祈りつつ、ご家族のもとへ帰らぬはずがないと思っていました。それなのに…。想像を絶するほどに天候の変化は激しく、雪山は厳しかったのでしょう。

荒井さん、この上はどんな山よりも高く、遠い空の彼方から、遺《のこ》されたご家族を優しく見守っていてあげてください。私もできるだけのご助力はさせていただきたいと存じます。

心よりあなたの魂の安らかならんことを祈りつつ、お別れの言葉とさせていただきます。

故人へのメッセージ

冥福を祈る言葉

実例4 友人・同僚・仲間へ

人柄と仕事ぶりをたたえて

読み手 同僚

故人 同僚

伊達直人さんのご霊前《れいぜん》に、謹《つつし》んでお別れの言葉を申し上げます。

伊達さんが急に逝《い》ってしまわれ、私たちは皆、愕然《がくぜん》といたしました。とうてい残念、悲しいという言葉であらわすことができるものではありません。

故人へ呼びかけ

死を知った驚きや悲しみ

伊達さんと私は、入社以来三十年近いつき合いでした。お互い転勤が多く、同じ支社だった期間は短かかったけれど、よき同僚として酒を酌み交わし、君の明るい人柄に何度助けられたことか。十年前、私が福岡に転勤していた折の夏休み、奥さんと二人で遊びに来てくれた日のことは忘れられないよ。

また、三年前、私が東京本社の営業部長になってからは企画部長の君がさまざまなアイディアと人脈で、営業の仕事をバックアップしてくれた。君の五年先、十年先を見据えた明晰な分析のおかげで、いくつものビッグプロジェクトをまとめることができた。

一方で、その分析力は趣味の将棋にも存分に発揮され、二段というすばらしい腕前だったね。勝負を挑むたびに君に負け続け、悔しくて…。もう、君と将棋盤をはさんで向かい合うことができないのがさみしくてたまらない。いや、そのうち、また君と将棋をさすときが来ることだろう。

よき伴侶に先立たれた奥様のご心痛は、察するに余りあります。これからは、立派なご子息たちに守られ、お暮らしになることと存じます。

伊達さん、ご家族の上に、また私どもの上に、これまでと同じようにあなたの温かいまなざしを注いでください。

終わりに、三十年間の君の友情に心からお礼を申し上げます。どうもありがとう。どうぞ安らかにお休みください。

故人の経歴と自分の関係

人柄や功績を交えたエピソード

遺族へのお悔やみの言葉

故人へのメッセージ

冥福を祈る言葉

実例5
友人・同僚・仲間へ

時間を共有できた喜びを表して

読み手 同僚
故人 同僚

依田佳恵さんのご霊前《れいぜん》に、謹《つつし》んでお別れのごあいさつを捧《ささ》げます。こういう場ではありますが、最後ですので、いつものように佳恵と呼ばさせていただきます。

佳恵、あなたの霊前にこうして立ってみても、まだ信じられない思いでいっぱいです。

三か月前、あなたから入院すると聞いたときは、とても心配しましたが、手術後は快方に向かっていると聞いて、全快を信じていました。お見舞いに行った際、「もうすぐ退院できるわよ」と笑顔で話していたあなたの顔が、今も目の前に浮かびます。

あなたとは、女子学生の就職が厳しいと言われた年に同期入社して以来、部署は違っていたけれど、公私にわたり、多くの時間をともに過ごしてきました。

私が仕事のことで自信をなくしていたとき、明るく食事に誘ってくれ、自分の失敗談を交えながら私を励ましてくれましたね。今こうして、私が多少なりのキャリアを持ち、仕事が楽しいと思えるようになってきたのは、つらいときに励ましてくれたあなたの存在があってこそです。

故人へ呼びかけ
死を知った驚きや悲しみ
故人の経歴と自分の関係
人柄や功績を交えたエピソード

また仕事だけでなく、お互いの恋の話で盛り上がった温泉旅行、本当に楽しかったね。アルバムに貼ってあるあのときの写真を見ると、涙が止まりません。楽しいとき、悲しいとき、いつも話を聞いてくれたあなたが、もういないなんて…。

若すぎるあなたを失ってしまったご家族の悲しみは、私の比ではないと思います。佳恵、どうか、残されたご遺族の幸福をあの世から見守ってあげてください。

あなたと親友でいられたことに感謝します。安らかに眠ってください。

人柄や功績を交えたエピソード

故人へのメッセージ

冥福を祈る言葉

実例6

友人・同僚・仲間へ

充足した人生をたたえて

読み手　仲間

故人　仲間

謹《つつし》んで川崎美里さんのご霊前《れいぜん》に、お別れのごあいさつを捧《ささ》げます。

川崎さん、悲しくて涙は止まらないけれど、安らかに眠るあなたのお顔を拝見したら、少し気持ちも落ち着きました。

川崎さんと私は、大正琴サークルの仲間でした。出会ったのは五年以上前になりますね。それまで、楽器と親しんでこなかった私にとって、ベテランの川崎さんが手取り足取り教え

故人へ呼びかけ

死を知った驚きや悲しみ

てくださったのは、どんなにありがたかったことか。そのうちサークル活動で幼稚園や老人ホームへ、慰問演奏に出かける機会が増えてきましたね。そんなとき、おそろいの衣装を提案したり、おなじみの童謡の楽譜をコピーしてくださったり…。アイデア豊富な川崎さんは、みんなにとってなくてはならない存在であるとともに、私自身にとってもかけがえのない友人でした。

ほとんど同時に夫を亡くした後、二人で一緒に、熱海の温泉に出掛けたときのことを、ほんの昨日のことのように思い出します。また、行動的な川崎さんに連れられて、舞台を観賞したり、美術館へ出掛けたり。何事にも消極的だった私の人生を、川崎さんが大きく変えてくれました。とても感謝しています。

川崎さんが入院したのは、一年前でしたね。私がお見舞いに行くたびに、「あれが食べたい、あそこへ行きたい」と笑顔で話す姿に、すぐ退院するものだとばかり思っていました。いつかお見舞いに伺った際、「あなたという友人に出会えて楽しい人生だった」と言ってくれたことは一生忘れません。

今まで、ずっと仲良くしてくださって、本当にありがとうございました。心よりご冥福をお祈りいたします。

さようなら、川崎さん。

故人の経歴と自分の関係

人柄や功績を交えたエピソード

故人へのメッセージ

実例7
友人・同僚・仲間へ

人柄がにじみ出るエピソードとともに

読み手
仲間

故人
仲間

八王子シニアクラブ「いきいき会」会員、故・大野三郎さんの会葬にあたり、ここに謹《つつし》んでお別れの言葉を捧《ささ》げます。

大野さんは、十一月十二日午前十時四十分、ご家族が見守るなかで九十六歳の天寿《てんじゅ》を全《まっと》うされました。会員一同を代表いたしまして、深く哀悼《あいとう》の意を表します。合わせて、ご遺族の方々に衷心《ちゅうしん》からお悔やみを申し上げます。

大野さんは、わがクラブの最長老でいらっしゃいました。そして二十年以上の長きに渡り、熱心に活動を続けてこられました。大野さんの温厚なお人柄と優しい笑顔は、初めてお会いする方々も心がほぐれるようでございました。そのお人柄でクラブの発展に尽くされましたご功績は、忘れがたいものであります。

わがクラブは現在、二十名以上の会員を擁し、ゲートボール大会、清掃活動、交通安全運動などさまざまな活動を行い、会員相互の親睦を深めるとともに、地域社会への奉仕に努めております。その一環として、毎年恒例の「戦争の悲惨さを次代へ伝える会」を催している

故人へ呼びかけ

故人の経歴と自分の関係

人柄や功績を交えたエピソード

のですが、自らの戦争体験を、身振り手振りを交えながら話す大野さんの姿に衝撃を受け、泣きながら耳を傾ける子どもたちが多数おりました。また、子どもたちとの質疑応答にも一つひとつていねいに回答され、ともに泣いていらっしゃったそのお姿は、今も忘れることができません。そのほかにもさまざまな活動にご尽力《じんりょく》いただき、会員一同、あらためまして厚く感謝を申し上げます。

私どもにとりまして、大野さんのご永眠《えいみん》は、惜しんでも惜しみきれません。これからは、あの優しい笑顔を永遠のよすがに、会員一同、活動に励む所存でございます。

大野さん、いつまでもわがクラブを温かく見守ってください。心よりご冥福《めいふく》をお祈りします。

故人へのメッセージ

冥福を祈る言葉

こんなとき どう言う？

人柄を表す表現

人柄を表す言葉を使う場合は、前後のエピソードに対応した言葉を選ぶことが大切です。大げさすぎるとしらじらしい表現になってしまうので気をつけましょう。

【例】

- 気配りのこまやかな
- 謙虚な
- 控えめな
- 心のやさしい
- 思いやりが深い
- 誠実でひたむきな
- 温厚篤実な
- 誰からも好かれる
- 天真爛漫な
- いつも明るさを失わない
- 好奇心に富んだ
- 向上心に満ちた
- 造詣が深い
- しんが強い
- 粘り強い
- 慎重かつ大胆な
- 冷静沈着な
- いつもは目立たないが、いざというとき頼りになる

実例1
上司・先輩・恩師へ

お世話になった感謝を込めて

読み手
部下

故人
上司

本日、河野正徳常務の葬儀が執《と》り行われるにあたり、哀悼《あいとう》の辞《じ》を述べさせていただきます。

河野常務の思いがけない悲報《ひほう》に接し、私はただ茫然《ぼうぜん》とするばかりです。つい最近まで、お元気で仕事にいそしんでおられる姿を拝見《はいけん》していただけに、にわかには信じることができません。

河野常務には、私が入社当時に直属の上司としてたいへんお世話になりました。営業として配属されたものの、右も左も分からない私のことを、当時課長だった河野常務が取引先へと同行させてくださり、名刺の受け渡しといった基本に始まり、ビジネスのやり取りをすべて教えてくださいました。ときに厳しく、甘えたことをいうと「何をやっているんだ！」と怒られたこともありますが、私の出したアイデアを採用すべく、会社に何度も掛け合ってくださるなど、熱い志《こころざし》をお持ちになっていらっしゃる方でした。

また、私が仕事でミスをしたときには「上司である自分の責任だ」と、取引先へ真っ先に駆けつけ、一緒に頭を下げてくださったことを忘れることができません。悩んだり、落ち込んだときには「どうだ、一杯やるか」とさりげなく相談に乗ってくれるなど、細やかな心配

故人へ呼びかけ
死を知った驚きや悲しみ
故人の経歴と自分の関係

りに、何度救われたことでしょうか。

部長を経て、役員になられてからは、それまで以上にご多忙の毎日をお過ごしだったと思います。それでも、社内でお会いするたびに「元気か」と気軽に声をかけてくださり、いつも明るく笑顔の絶えないお姿が心に残っております。

河野常務のご遺志を確実に受け継ぎ、次に引き継ぐ者として、河野常務が安らかにお眠りくださるよう、心よりご冥福《めいふく》をお祈りして、弔辞《ちょうじ》とさせていただきます。

人柄や功績を交えたエピソード

冥福を祈る言葉

実例2

上司・先輩・恩師へ

恩返しが果たせなかった悔しさを込めて

読み手　部下

故人　上司

謹《つつし》んで佐川優子部長のご霊前《れいぜん》に、惜別《せきべつ》の言葉を捧《ささ》げます。

佐川部長、こんな形でお別れの言葉を捧げるのは、悲しくて、悔しくて、とてもたまらない気持ちです。

私たちマーケティンググループを率いるようになられて半年、これからより一層私たちの先頭に立っていただく方でした。部長の美容業界での豊富な経験とウイットに富んだアドバ

故人へ呼びかけ

死を知った驚きや悲しみ

故人の経歴と自分の関係

イスのもと、グループ一丸となって新たな企業戦略プランを作ろうと張り切っていたところでした。「私が入院して羽を伸ばすのはいいけれど、私が戻るまでに業績を前年比百二十パーセントまでしっかり伸ばしておいてよ」と言いおいて闘病生活に入られた部長。それなのに、ご入院と聞かされていくらも経《た》たないうちに、もう帰らぬ人になったことの知らせ。とても信じることができず、皆、ただ茫然《ぼうぜん》としているばかりでした。

　常にユーザーの視点に立ち、ユニークな発想をされる佐川部長から、会議の席上で発言を求められると、その場の緊張感が急に高まり、全員の顔が引き締まりました。私たちのアイデアに対し、鋭い指摘と的確なアドバイスをされる部長の姿は、今でも目に浮かびます。また女性としても、日頃の洗練された立ち居ふるまいは、私たちにとって、まさに憧れの存在でした。今後もこれまでのように、ご指導にあずかりたいと思っていましたのに、永遠のお別れになってしまうとは、惜しんでも惜しみきれません。

　しかし、ただ悲しんでいるだけではお叱りを受けるでしょう。このうえは、佐川部長のご生前のご恩に報《むく》いるためにも、その教えを忘れず立派に職務を果たしていくことを、ここに固く誓うのみです。

　佐川部長、どうかご遺族の皆様を、そして私どもを末永く見守っていてください。心よりご冥福《めいふく》をお祈りいたします。

故人の経歴と自分の関係

人柄や功績を交えたエピソード

故人へのメッセージ

冥福を祈る言葉

実例3

上司・先輩・恩師へ

長年慕ってきた人柄を偲んで

読み手
後輩

故人
先輩

伊藤誠治さんのご霊前《れいぜん》に、謹《つつし》んでお別れの言葉を申し上げます。

伊藤先輩、先輩の突然の悲報に接し、私たちは皆、愕然《がくぜん》といたしました。いえ、先輩がいちばん驚いていることでしょう。

大洋大学の野球部で、二学年上の伊藤先輩と、その後輩としての関係以来、卒業後も親しくおつき合いしていただきました。大学時代、野球部名物ともいわれた伊藤先輩の大声がグランドに響き渡ると、部員一同の気が一瞬にして引き締まり、背筋がピンと伸びたものです。ところがひとたび練習を離れると、子どものように無邪気な笑顔を見せる先輩。どちらも私たち後輩にとっては忘れられない姿です。

社会人になって2年目の夏、結婚することを告げると、いつもの大声で「おめでとう。がんばれよ」と言いながら、背中を叩いてくれました。そして、朝まで飲み明かしましたね。我が家に遊びに来られた際、「新婚家庭へのお祝いがなかなか思い浮かばなくて…」と照れながら、妻に贈ってくれた大きな花束。子どもが生まれてからは、いつもオモチャを片手に

故人へ呼びかけ

死を知った驚きや悲しみ

故人の経歴と自分の関係

人柄や功績を交えたエピソード

訪れ、大きな体を小さくかがめながら子どもたちと遊んでくださいました。お互い家族ぐるみのつき合いをさせていただくなかで、私だけでなく、家族全員が伊藤先輩のファンでした。周りの人すべてを笑顔で包み込む、大きな姿に尊敬と憧れを抱いたものです。

伊藤先輩の一番の心残りは、奥様とまだ幼い陽子ちゃんを遺《のこ》して逝《い》ってしまわなければならないことでしょう。先輩がきっと遠くから見守っていることでしょうが、微力ながら、私たちもなんらかのかたちでお役に立ちたいと思っています。

伊藤先輩、本当に、本当にありがとうございました。この言葉しかありません。

どうか、安らかにお休みください。

人柄や功績を交えたエピソード

故人へのメッセージ

冥福を祈る言葉

実例4 上司・先輩・恩師へ

故人の遺志を継ぐ決意を表して

読み手 後輩

故人 先輩

華野大学水泳部員一同を代表しまして、井上さゆり先輩のご霊前《れいぜん》に、謹《つつし》んでお別れの言葉を申し上げます。

さゆり先輩、私たちはもう、先輩の力強く泳ぐ姿や、いつもこちらを元気にしてくれるよ

故人へ呼びかけ

うな笑顔を見ることはできないのですね。競泳選手として大きな目標であり、女性として憧れであった先輩が逝《い》ってしまったことは、とても残念でなりません。

社会人になられてからも、お忙しいなか、合宿には毎年欠かさず顔を出し、後輩の指導にあたってくださいましたね。厳しいながらも的確にアドバイスしてくださった先輩の言葉は、部員それぞれの心の中に刻み込まれています。昨年、はじめて、団体戦の部で大会優勝という成績を残せたのも、先輩の励ましがあってこそと思っています。

また、先輩は、私たちの悩みに耳を傾けてくださいました。真剣に話を聞いてくださったあとに、優しく「大丈夫。きっとなんとかなるものよ」が先輩の口癖でしたよね。その言葉は、いつも私たちを前向きな気持ちにさせてくれました。お見舞いに伺ったときも、いつもの通り「大丈夫よ」とおっしゃっていたのに…。

先輩、今ここに、ご報告したいことがあります。大学の地域交流活動の一環として、我が水泳部は、来年度から、地域の小学生に水泳を楽しんでもらうための「華野大学こども水泳教室」をスタートさせることになりました。

大学からも正式な許可をもらい、月二回の教室を開きます。大役ながら、私たち部員がコーチとなり、子どもたちに水泳を教えます。先輩は、在学中から、将来は子どもたちに水泳を教えたいとおっしゃっていましたね。部員からも、「さゆり先輩が来てくだされば心強い」という声が上がっていました。

死を知った驚きや悲しみ

人柄や功績を交えたエピソード

故人へのメッセージ

さゆり先輩、私たちは、もう先輩の助言を受けることはできませんが、これまで教えていただいたことを、今度は私たちが子どもたちに伝えていく番だと実感しています。

先輩の姿は、私たちの脳裏に焼きついて離れません。これからも私たちを見守ってください。ご冥福《めいふく》をお祈りいたします。

冥福を祈る言葉

実例5

上司・先輩・恩師へ

教えてもらったことの偉大さを感じながら

読み手　教え子

故人　恩師

後藤大造先生のご霊前《れいぜん》に、謹《つつし》んで弔辞《ちょうじ》を捧げます。

三年前、喜寿《きじゅ》のお祝いで、教え子一同、先生とお会いしたときには、私たちよりもずっと元気なお顔を見せておられた後藤先生。半年前のクラス会でお目にかかることがかなわず、体調を崩されて入院なさったとお聞きしたときには、すぐ退院なさるものだとばかり思っていました。

先生のお声をもう一度お聞きしたかったのに、それももうかなわないと思いますと、残念でなりません。

故人へ呼びかけ

死を知った驚きや悲しみ

先生、ご存じでしたでしょうか。実は後藤先生は、私ども教え子の間では、「鬼先生」の愛称で通っていました。先生はとにかく厳しい方で、授業中に少しでも私語があると、「そこ、黙らんか」と鬼のような形相で怒られたものです。

試験問題もたいへん難しく、皆が首をひねっていても「三日前の授業で教えたはず」と、容赦なく赤点をつけられましたね。赤点になると合格点に届くまで何度でも追試を受けさせられました。追試の前日には放課後、補習授業をしてくださったのですが、当時は、合格した友人たちが帰るうしろ姿を見ながら、よく「もういやだ」と口走ったものです。先生のお耳にも入っていたかもしれませんね。今にして思えば、私などのような生徒にも、ご自身の時間を割き、最後まで目を向けて真剣に接してくれたのだと思います。そして先生の存在とその愛情は、とても大きなものだったと感じております。

また、先生は厳しいだけではなく、褒め上手でもありました。小さなことでも、おおげさなくらいに褒めてくださり、その言葉でいつも、「もっとがんばろう」という気持ちになるから不思議です。

生徒一人ひとりを思いやる気づかいにあふれていて、それが卒業後も生徒たちから長く敬愛された一番の理由だと思います。

後藤先生、多くの教えをいただき、ありがとうございました。心から先生のご冥福《めいふく》をお祈りして、お別れの言葉とさせていただきます。

人柄や功績を交えたエピソード

冥福を祈る言葉

実例１
部下・後輩・教え子へ

仕事ぶりと業績をたたえて

読み手
上司

故人
部下

天野弘徳君、謹《つつし》んで送別の辞《じ》を述べさせていただきます。

当部のスタッフのまとめ役で、最も将来を嘱望《しょくぼう》される一人だった君が、急に逝《い》ってしまわれるとは。スタッフ誰もが打ちひしがれて、無常の思いに浸っています。

天野君が私の部に課長として配属になったのは、四年前のことでした。その前から、君は若手のなかで抜群にできると聞いてはいましたが、まさに評判にたがわぬ俊英《しゅんえい》ぶりでした。会社が求めているものを冷静に判断し、ときには、上司である私に対しても、するどい指摘をしてくれたこと、一緒に仕事をする人間として心強く、頼もしく感じました。

半年前、ビッグプロジェクトのとりまとめを打診した際も、「必ず実現させてみせます」と笑顔で答え、抜群のリーダーシップを発揮してくれました。君の部下への公私に渡る指導ぶりは、私も学ぶものが多くあり、優秀な人物を身近に得たことに感謝をしていたのです。君を目標に励んでいた後輩たちも、たくさんいただろうと思います。そんなかけがえのない存在を失うことになるとは、惜しんでも惜しみきれない。

呼びかけ
故人へ

驚きや悲しみ
死を知った

自分の関係
故人の経歴と

人柄や功績を交えたエピソード

しかし、最愛の奥様やお子様を遺《のこ》して先立った君の心中を思うと、私たち以上に、無念であっただろうと察します。ご遺族の皆様には、衷心《ちゅうしん》からお悔やみを申し上げます。

天野君、悲しみは尽きませんが、どうか安らかに瞑目《めいもく》してください。

遺族へのお悔やみの言葉

冥福を祈る言葉

実例2

部下・後輩・教え子へ

慕ってくれた嬉しさを表して

読み手　上司

故人　部下

小川宏美さん。あなたがこんなにも早く逝《い》ってしまわれたこと、いまだに信じられない思いですが、ライズデザイン事務所を代表して、哀悼《あいとう》の辞《じ》を述べさせていただきます。

小川さん、あなたが入社したときのことは、今でもよく覚えております。小柄でかわいらしく、それでいて積極性のある女性だなという印象でした。実際、仕事への姿勢はとても意欲的で、いつでもメモを片手に、真剣な眼差しで話を聞くあなたの姿が目に浮かびます。また、男性が多い会社のなかで、女性ならではの細やかな気配りには、同性の私も感心することが多くありました。おいしいお茶の入れ方は、あなたにコツを教えてもらってから家でも実践しているのよ。これからはお茶を飲むたびに、あなたのことを思い出すことでしょう。

故人へ呼びかけ

故人の経歴と自分の関係

あなたが初めて自分一人で望んだプレゼンに敗れた日のことは忘れられません。目にうっすらと涙を浮かべ、悔しがり落ち込むあなたの姿に、私自身の体験を重ねてしまったのかもしれません。女性の活躍が少ない業界で、部下というよりも、ともに戦う仲間のような思いを抱きました。

あの日、食事に誘ったあなたに、「広瀬さんのように、グラフィックデザイナーとして一人前になりたい」と言われたときは、どんなに面映《おもはゆ》く嬉しかったことか。あなたのまっすぐな眼差しに、私のほうが勇気づけられた気がしました。

最近では、大きな企画も任せられる信頼のおけるスタッフとして、これからの活躍をとても楽しみだと感じていたところでした。それだけに、このたびのご不運に、私はやり場のない怒りさえ感じています。本当に悔やしく、残念でなりません。

あなたから結婚の報告を受け、お祝いに駆けつけたのは、まだほんの一年前です。享年《きょうねん》三十二歳、仕事も幸せも、これから大きく花開くはずでした。

遺《のこ》されたご家族の方々のご悲嘆は計り知れないものがあると存じます。このご不幸に深くお悔やみ申し上げます。

小川さん、あなたとともに仕事ができたことを幸せに思います。どうぞ安らかにお休みください。心よりご冥福《めいふく》をお祈りいたします。

人柄や功績を交えたエピソード

死を知った驚きや悲しみ

遺族へのお悔やみの言葉

冥福を祈る言葉

実例3
部下・後輩・教え子へ

遺された遺族を思いやって

読み手 先輩
故人 後輩

岡本栄作さんの御霊《みたま》に、謹《つつし》んで惜別《せきべつ》の辞《じ》を捧《ささ》げます。

岡本君は、東学院大学卓球部の後輩でありました。私の卒業後、岡本君が主将を引き継ぎ、私たちの果たせなかったリーグ優勝を立派に成し遂げてくれた、尊敬すべき後輩であります。

卒業後も、お互いの勤務先が近かったこともあり、仕事が終わった後、よく飲み明かしたものです。あまり酒に強くない君だったが、誘うと必ず出てきてくれた。後輩でありながらしっかりしていた君には、いろいろなことを相談したな。仕事でも何でも、辛抱強く物事に取り組み成果を出す君の姿は、卓球部時代の勝負に対する粘り強さをほうふつさせたよ。

君の病を知ったのは、一年前の奥さんからの電話で、病名を君に告げるかどうか相談された。僕は悩んだ。そして、奥さんとともに君に告げることを決めた。君はたったひと言「分かった」と。それからの一年、君はよく病と闘った。がんばったおかげで、幼い頃から目に入れても痛くないほどかわいがっていた愛娘《まなむすめ》・美紀ちゃんの花嫁姿を見ることもできたと喜んでいたね。君らしく、立派だった。

故人へ呼びかけ
故人の経歴と自分の関係
人柄や功績を交えたエピソード

覚悟はされていたとはいえ、最愛のご主人をなくされた奥様のご心情を察すると、お慰《なぐさ》めの言葉も見つかりません。微力ながら、できる限りのお力添えをさせていただきたいと存じております。

次から次へと君との三十年間がよみがえってくるが、そろそろお別れのときだ。

岡本君、安らかにお眠りください。

遺族へのお悔やみの言葉

冥福を祈る言葉

実例4

部下・後輩・教え子へ

早すぎる死を惜しんで

読み手　先生

故人　教え子

石坂香美さん、先生は今日、クラスのみんなとともに来ています。

これで、豊須第三小学校五年二組の全員がそろいましたが、本当ならこうした場ではなく、学校の教室に全員がそろう日を心から願っていました。

石坂さん、先生は毎日、朝の出欠をとるとき、あなたの名前を呼べないことがたまらなく寂しかったのですよ。だから、今日は思いきり呼ばせてくださいね。石坂香美さん、聞こえますか。

故人へ呼びかけ

あなたは本を読むのが大好きで、休み時間はいつも図書室にいましたね。放課後になると、「先生、この本読んだことある？」とことあるごとに聞きにきていた様子は、今でもよく覚えています。また、小学生には難しいと思われる外国文学を一心不乱に読んでいる姿もよく見かけました。「本は好きだけど作文は苦手」とよく言っていましたが、六月の宿泊遠足の作文、先生はAをつけましたよ。楽しい様子が本当によく伝わってくる内容で、クラスで作る文集のあなたのページには、その作文を載せたいと思っています。

半年前、あなたの病名を聞いたときにはとても信じられない思いでした。けれど、あなたは病気にも強く立ち向かっていきました。厳しい闘病生活のなかでも明るさを忘れず、大好きな本もずっと楽しんで読んでくれ、見舞うたびに「先生、この前の本面白かった。どうもありがとう」と笑顔で答えてくれましたね。

今日は、最後まで健康を取り戻そうと病と闘っていたあなたのために本を用意してきました。クラスのみんなからの寄せ書きも一緒に持って来ましたよ。あとで、ゆっくり読んでくださいね。

香美さん。楽しい思い出をありがとう。短かったけれど、とびきり輝いていたあなたの人生。先生とクラスのみんなは、その姿とあなたと過ごした日々を忘れないでしょう。

みんなを代表して、あなたに最後のお別れを言います。

さようなら。

故人へのメッセージ

人柄や功績を交えたエピソード

弔問側

告別式での弔辞

実例1
親族へ

人柄を表すエピソードを交えて

読み手
孫

故人
祖父

おじいさん。おじいさんは今、どんなところにいらっしゃるのですか。十年前に旅立ったおばあさんと、再会できましたか。いつもおばあさんとの思い出話を語ってくださったおじいさんのことですから、真っ先におばあさんを探したことでしょうね。

おじいさんが田舎から私たちの家に引っ越していらしたのは、私が十歳のときでした。田舎を訪れるたびにアメ玉をお土産にくれたおじいさんが、ずっと私たちと一緒にいる、それがとても嬉しかったのを覚えています。

以来、おじいさんは私たちに、いろいろなことを教えてくださいました。おじいさんが子どもの頃のこと、山形の美しい自然や田んぼのこと、おばあさんと結婚したときのこと。とても優しいおじいさんが、私は大好きでした。

秋になり、米の収穫期になると、ときおり寂しそうな顔を見せたおじいさん。きっと、山形に残してきた田んぼのことが気になっていたのでしょうね。あの田んぼは今、正おじさんたちが守っていますよ。

故人へ呼びかけ

故人の経歴と自分の関係

人柄や功績を交えたエピソード

おじいさんは、「人には思いやりが大切だよ」と、いつも教えてくれました。私はこれからもずっと、おじいさんから教えていただいたことを守って生きていくつもりです。どうぞいつまでも、私たちみんなを見守っていてください。

故人へのメッセージ

実例2

親族へ

お世話になった感謝を込めて

読み手　めい

故人　おば

妙子おばさん、もう二度とおばさんに会えないなんて、信じられない気持ちです。

クリーニング店の仕事で忙しかった両親に代わり、一人っ子の私の面倒を見てくれた妙子おばさん。まるで、自分の子どものようにかわいがってくれましたね。私が進路について悩んでいたとき、「この子はピアノを続けたいんだから」と両親を説得して、音楽大学進学への道を拓いてくれたこと、あのときの感謝の気持ちは一生忘れることができません。

私が大人になってからは、めいとおばではなく、姉妹のように、友だちのように接してくれました。卒業演奏会にはとびっきりのオシャレをして駆けつけ、大きな花束を渡してくれました。あの夜、ワインで乾杯したことを覚えていますか。

故人へ呼びかけ

故人の経歴と自分の関係

年頃になり、デートをするようになると、「彼をうちに連れていらっしゃい。私が見極めてあげる」と言われたものです。「大事な姪っ子のだんなさんになるかもしれないのよ。私が会うのは当然でしょう」ときっぱりした口調でした。その気持ちがとても嬉しく、少し照れくさかったのを覚えています。

私の結婚式のときは、涙ぐむ私の両親の隣で、「泣くことじゃないじゃない。これから幸せになるのよ」と静かに言ってくれました。その言葉が嬉しくて、私のほうが涙が止まりませんでした。ウエディングドレスに合わせて、おばさんがプレゼントしてくれたパールのネックレスは、ずっと大切にするつもりです。

妙子おばさん、今までずっと、本当にありがとうございました。悲しみは尽きないけれど、さようなら。

故人へのメッセージ

人柄や功績を交えたエピソード

実例3

親族へ

故人との思い出を語りながら

読み手
いとこ

故人
いとこ

亮君、君の元気な顔がもう二度と見られないなんて、僕にはとうてい信じられない。事故の知らせを聞いてしばらくは座り込んでしまい、動く気にもなれなかったよ。

君と僕は同い年のいとこ同士だけれど、活発な君に比べて、内向的だった僕。まるで性格が違ったせいか、とても気が合っていたね。

夏休みに、静岡へ遊びに行くと、きまって釣りをしたり、海に潜って貝を採《と》ったり。すぐ怖気づいて逃げ出そうとする僕を「簡単だから大丈夫だよ」と勇気づけてくれた亮君。泣いていた僕の手を引き、毎日海に連れて行ってくれたっけ。おかげで、ひょろひょろして色白だった僕が、夏休みが終わる頃には真っ黒に日焼けしてサザエがとれるようになったね。そんな君に、庭先でスイカのタネを飛ばしっこで勝ったときには、小さなことだけど嬉しかったんだ。あのときの君の、悔しそうな顔ったら！　子どもの頃から、常に僕の一歩先を歩んでいた亮君。なんにでも積極的で、その決断力と実行力を、いつも尊敬していたよ。だからといって、何もかも早すぎる人生にする必要なんてどこにもないのに…。

故人へ呼びかけ

故人の経歴と自分の関係

人柄や功績を交えたエピソード

いろいろやり残したことはあっただろうが、一番の心残りは、最愛の奥さんと子どもを遺して先立つことだろう。僕にできる限りの応援はさせてもらうから、君も天空から見守っていてください。
亮君、今までずっと仲良くしてくれてありがとう。楽しかったよ。本当にありがとう。さようなら。

故人へのメッセージ

実例1

社葬・団体葬での弔辞

生前の功績をたたえ尊敬を込めて

読み手　社員

故人　社長

吉本製作株式会社代表取締役社長、故・菊野順三殿の社葬を執《と》り行うにあたり、社員を代表いたしまして、ここに謹《つつし》んで弔辞《ちょうじ》を捧《ささ》げます。

故人へ呼びかけ

菊野社長は、十一月五日午後五時三十二分、肺ガンのため、市立病院にて六十七歳の生涯を閉じられました。社員一同、ここに深く哀悼《あいとう》の意を表するとともに、ご遺族の皆様に心よりお悔やみ申し上げます。

遺族へのお悔やみの言葉

菊野社長は、入社以来開発部門を中心にご活躍なされ、役職を歴任された後、平成十五年に代表取締役社長に就任されました。開発部長時代には、時代のニーズをとらえたアイデアで製品を世に送り出し、アイデアの吉本と呼ばれる礎を築かれました。

社長になられてからは、時代のグローバル化・ＩＴ化が進むなかで新製品の開発を陣頭指揮されるとともに、コスト削減等も実施、増収・増益を続け、現在の業界における我が社の地位を確固たるものとされたのでありました。

菊野社長は、自らにたいへん厳しく、責任感の強い方でありました。経営者の責任ということを常に頭に置いておられ、「社長がしっかり責任を果たさなければ、社員がついてきてくれるはずがない」と、いつもおっしゃっていました。また、人と人のつながりを大事にされ、毎月誕生日の社員には社長自らお祝いのメールを送るなど、社員一同から敬愛されたトップでいらっしゃいました。

そのような社長のご逝去《せいきょ》、私どもは今後もご指導にあずかることを願っておりましただけに、まことに痛恨きわまりない心境でございます。

菊野社長とのお別れに際し、社員一同、社長のご遺志を受け継ぎ、力を合わせて社業の一層の発展のため、努力して参る決意でおります。どうか、いつまでも、お見守りくださいますようお願い申し上げます。

社員一同、心からご冥福《めいふく》をお祈り申し上げ、お別れの言葉といたします。

故人の経歴と自分の関係
人柄や功績を交えたエピソード
死を知った驚きや悲しみ
故人へのメッセージ
冥福を祈る言葉

実例2

社葬・団体葬での弔辞

業界に貢献してくれた故人へ

読み手　取引先社長

故人　社長

株式会社カブキ製薬代表取締役社長、故・長内隆殿に謹《つつし》んで弔辞《ちょうじ》を捧《ささ》げます。

長内社長のご急逝《きゅうせい》を知り、思いもかけないことに信じられぬ思いでございます。貴社の皆様、ご遺族には心よりお悔やみ申し上げます。

長内社長と私どもミタニ・ファーマシーとは、急激な変化を遂げる業界にあって、二十年来変わらぬおつき合いでした。本当に感謝いたしております。

経営規模、指針が異なるなか、取引先を大切にするというのは口で言うほどに簡単ではないものですが、長内社長はそれを実行された方です。また、業界においても、先見の明にすぐれ、業界全体のリーダーシップを発揮なさいました。その鋭い眼光、行動力には感服するばかりです。この長内社長のご遺志は、社員の皆様に必ず受け継がれ、さらなるご発展を遂げられるにちがいありません。

長内社長、あらためて生前のご厚誼《こうぎ》への感謝を申し上げますとともに、ご冥福《めいふく》をお祈り申し上げて、弔辞といたします。

故人へ呼びかけ

死を知った驚きや悲しみ

故人の経歴と自分の関係

人柄や功績を交えたエピソード

冥福を祈る言葉

実例3
社葬・団体葬での弔辞

理念を貫いた故人をたたえて

読み手
職員

故人
園長

ケアセンターカスミ介護園園長、故・及川千枝殿のご霊前に、ケアセンターを代表して哀悼の意を表します。園長、スタッフ一同悲しみに包まれております。

及川園長は、五年前のセンター開設時より在任されていらっしゃいましたが、開設前の準備事業から数えますと、十年の長きに渡り、このケアセンターに携わっておられました。地域とのコミュニケーションを大切にしながら、最新の設備導入化など、創意と実行力あふれるリーダーとして、多大な貢献をされてきました。

また、スタッフに対してもその篤実《とくじつ》なお人柄と豊富な知識、卓越した指導力で、他に誇ることのできる結束力をもたらしました。

ご高齢とはいえ、今後も一層のご指導をと願っておりましただけに、まことに痛恨の極みでございます。このうえは、スタッフ一同、園長のご遺志を受け継ぎ、ケアセンターの振興に努める覚悟でございます。

及川園長、お疲れさまでした。どうか安らかにお眠りください。

故人へ呼びかけ
人柄や功績を交えたエピソード
故人へのメッセージ
冥福を祈る言葉

法要でのあいさつ

●四十九日法要➡P204
●年忌法要➡P208

法要の案内を受けたら

法要は、葬儀・告別式とは違い、故人と親しかった人が招かれるものです。連絡を受けたら、やむを得ない事情がないかぎり、出席するのが礼儀です。出欠ハガキの返信にはひと言添え、期日より早めに着くよう投函します。欠席の場合、別便でお詫《わ》びの手紙を送るといいでしょう。また、遺族から参会者代表としてのあいさつを頼まれたときは、心よく引き受けましょう。故人の死からどれほどの時間が経っているか、遺族の心情を配慮し、その時期に合った言葉を選びます。

当日は供物料《くもつりょう》（供物）を持参しますが、欠席の場合は、法要の前日までに遺族に届くように手配します。先方との都合が合えば、あらためてお参りします。

当日の心得

当日は開始時間より早めに到着するようにしましょう。着いたら、まず施主《せしゅ》に、「本日はお招きいただいてありがとうございます」などと手短にあいさつをします。供物料や供物を持参しているときは、このとき施主に渡すか、自分で仏前に供えるかします。

あいさつの基本構成

1. 招かれたことへのお礼
2. 今の心境や故人との思い出
3. 遺族への励まし
4. 結びの言葉

法要での服装

一周忌までは喪服を着用しますが、三回忌からは、男性はダークスーツ、女性は黒か地味な色のワンピースかスーツでかまいません。

ワイシャツは白無地、ネクタイ、靴は黒。タイピンはつけません。

アクセサリーは真珠の一連ネックレス、一粒イヤリング、結婚指輪のみ可。ストッキングは黒か肌色で、靴は黒。

供物料・供物の目安

供物料	5,000〜20,000円（香典の5〜7割が目安）
供物	故人の好物／生花／果物／菓子／線香・ろうそく（仏式のみ）

不祝儀袋の選び方

項目	仏式	神式	キリスト教式
包み	白無地（蓮の絵入り可）	白無地	白無地（十字架や百合の絵入り可）
水引き	黒白／双銀／結び切り	双白／双銀／結び切り	なし
表書き	御仏前／御供物料	御玉串料／御榊料	御花料／御ミサ料（カトリックのみ）

［注意点］

- 宗教が分からないときは表書きを「御霊前」とする（浄土真宗のみ不可）。
- 薄墨でフルネームを書く。ボールペンは不可。
- 寺や料亭で行われる場合、食事会の用意がある場合は現金を持参する。
- 供物は供物料の相場と同額程度のものを選び、生臭いものは控える。
- キリスト教式の追悼ミサなどに生花を送るときは、白か淡い色の花を選ぶ。

基本文例

四十九日法要の一般的なあいさつ

会葬者

本日は、石原真紀さんの四十九日法要にお招きいただきまして、ありがとうございます。私は真紀さんの大学時代からの友人で、佐藤と申します。

真紀さんが亡くなってから、早いものでひと月余りが経過してしまいました。ですが、心にぽっかりと空いた穴は、どうにも埋めようがありません。今でも私の携帯電話には真紀さんの番号が残っていて、そこにかければ彼女のあの明るい声が聞けるのでは、と思ってしまうのです。

ご家族の皆様におかれましては、私などよりもさらにつらいお気持ちで日々を過ごされてきたのではないかと思います。どうかお心を強く持ってください。きっと真紀さんも、皆様の幸福を遠くから見守ってくれていることでしょう。

真紀さん、今までたくさんの思い出をくれてありがとう。あなたと友人でいられたことに心から感謝しつつ、あいさつに代えさせていただきます。どうか安らかにお休みください。

❶ 招かれたことへのお礼

❷ 今の心境や故人との思い出

❸ 遺族への励まし

❹ 結びの言葉

●出席者が多い時は、簡単な自己紹介を入れるとよい。

●今現在の気持ちを率直に述べるが、一周忌を過ぎた頃からは湿っぽくなりすぎないよう注意する。

●遺族へのいたわりの言葉を忘れずに。

●親しさの度合いによって、故人に呼びかけるようなあいさつでもよい。

実例1
四十九日法要

故人の友人の立場から

話し手 友人
故人 友人

私は、故・平岡美智さんの高校時代の同級生で、早瀬房子と申します。本日は忌明け法要にお招きいただきまして、ありがとうございました。

美智さん、あなたがこの世を去ってから、四十九日が過ぎたのですね。私が病室にお見舞いに行ったとき、お花見の話をしたのを覚えていますか。「桜の散り際が好き」とおっしゃっていた美智さんですが、まさかその直後に、ご本人が桜のように散ってしまわれるとは思いもよりませんでした。退院したら一緒に桜を見に行こう、と約束していたのに、それが果たせなかったことが、残念でなりません。

最愛の奥様を亡くされたご主人、お母様を亡くされたお嬢様は、さぞかしおつらいことと存じます。でもきっと、美智さんは、空からご家族のことを見守ってくれていることでしょう。どうか、一刻も早く悲しみの淵から立ち上がり、一歩一歩前へ進んでいってください。それが、何より美智さんの望んでいることだと思うのです。

簡単ではございますが、ごあいさつとさせていただきます。

招かれたことへのお礼
今の心境や故人との思い出
遺族への励まし
結びの言葉

実例 2
四十九日
法要

故人の上司の立場から

話し手
上司

故人
部下

本日は四十九日の法要にお招きいただきまして、誠にありがとうございました。私は、中延君が課長を務めておられた山本商事で、事業部長をしております大岡と申します。中延君とは、部長課長の間柄で、三年間に渡りチームを組んで参りました。

一緒に仕事をした年数は短いものでしたが、会社が急成長する時期でもあり、公私ともに密度の濃いおつき合いをさせていただきました。

このひと月あまり、何度も彼のデスクのほうを見て、声を掛けようとしてしまいました。そのたびに、ふと我にかえり「そうだ、もう彼はいないのだ」と、何とも言えず切ない気持ちを覚えます。

しかし、ご遺族の皆様の悲しみは、私などの比ではないことでしょう。今はまだ、時間とともに中延君への気持ちがつのることと存じます。きっと中延君も、天の上から何よりもご遺族の皆様のことを気遣っていることでしょう。中延君を安心させるためにも、皆様が一刻も早く笑顔を取り戻し、お元気でお過ごしになるよう、心よりお祈り申し上げます。

招かれたことへのお礼

今の心境や故人との思い出

遺族への励まし

実例3
神式

五十日祭のあいさつ

話し手
部下

故人
上司

本日は沢口専務の五十日祭にお招きくださり、ありがとうございました。私は、新井商事総務課の三池と申します。

専務がお亡くなりになり、五十日が過ぎようとしていますが、まだ信じられない気持ちです。浮沈《ふちん》の激しい文具業界にあって、我が社がここまで大きくなれたのは、沢口専務の先見の明によるところが多くありました。文具のデジタル化を早くから提唱し、電機メーカーとの共同開発を進めていた専務のお考えは、当初はほとんど理解されないものでしたが、ご自身で反対意見をもつ社員のところに直接出向き、一人一人を説得しておられました。「企業は人で成り立っている」とおっしゃっていた専務の誠実で温和な仕事ぶりとお人柄に感動したことを、今でもよく覚えております。

沢口専務、私たち部下は、専務の仕事への見識と知識の深さを尊敬するとともに、その指導力に導かれて、ここまで参りました。心より感謝しております。

最後に、沢口専務の安らかな眠りを心よりお祈りし、ごあいさつと代えさせていただきます。

招かれたことへのお礼
今の心境や故人との思い出
今の心境や故人との思い出
結びの言葉

実例1
年忌法要

故人の友人の立場から（一周忌）

話し手
友人

故人
友人

吉岡、告別式で弔辞《ちょうじ》を捧《ささ》げたのがつい昨日のような気がするけれど、今日も、一年前のあの日のように蝉の鳴き声が激しく聞こえているよ。

君とは、大学で知り合い卒業してからも、結婚、子どもの誕生とお互い同じような時期に人生の喜びを体験してきた親友だった。この一年、我が子の成長を感じるたびに、君も本当なら一人息子の拓海君の成長を同じように感じられただろうにと思うと、残念でならない。けれど、奥様の沙織さんをはじめ、遺《のこ》されたご家族はこの一年の間に、少しずつ元気を取り戻されているようだ。特に拓海君は来春の小学校入学を控えて、僕にあいさつしてくれる顔も、ずいぶんお兄ちゃんらしくなったぞ。一年生になったら、地元の野球チームに入るんだって、嬉しそうに話してくれたよ。将来は君や僕と同じ野球少年になるようだから、天国からもその活躍を見守ってあげてください。

ご遺族の皆様、本日は吉岡君の一周忌法要にお招きいただきまして、ありがとうございました。これからひととき、ご遺族、参列の皆様とともに吉岡君を偲《しの》びたいと思います。

今の心境や故人との思い出

招かれたことへのお礼

実例2
年忌法要

故人の友人の立場から（三回忌）

話し手
友人

故人
友人

本日は、三島由貴さんの三回忌の法要に参列させていただきまして、ありがとうございます。私は同級生の菅野真美と申します。ご遺族の方々と由貴さんのお墓参りをさせていただき、あれから二年の歳月が経ったのだなと、感慨深い思いでした。

由貴さんとは、中学、高校と一緒で、同じバスケットボール部で汗を流した仲間です。中学時代からレギュラーで活躍していた由貴さんでしたが、なぜか万年補欠の私と仲良くしてくれ、いつも一緒にランニングやパスの練習をしました。高校入学後、私がバスケットを辞めようかと相談したときは、「真美と練習してきたから続けられた。また三年間一緒にがんばろうよ」と引き止めてくれました。一度だけ、私が由貴さんと一緒にスターティングメンバーに選ばれたときがあったのですが、彼女はとても喜んでくれ、そのときの笑顔が忘れられません。

今でも、由貴さんのことを思うと胸が熱くなります。でも、いつまでも悲しんでばかりでは、あなたも心配することでしょう。どうぞ、これからも私たちを見守っていてください。ありがとうございました。

招かれたことへのお礼
今の心境や故人との思い出
結びの言葉

実例3
年忌法要

故人の後輩の立場から（七回忌）

話し手
後輩

故人
先輩

本日は、森下直也さんの七回忌法要にご出席させていただきまして、誠にありがとうございます。あのとき、小学校に入学したばかりだった先輩の愛娘・綾香ちゃんが、中学一年生になったと聞き、歳月の流れの早さにあらためて驚いております。

申し遅れましたが、私は株式会社月野商事で森下さんの後輩だった新田伸彦と申します。森下さんとは、公私にわたりおつき合いさせていただいておりました。

他業界からの中途入社だった私に、仕事の厳しさ、楽しさを教えてくれた森下さんは、私のささいな相談事にいつも快く応じてくれました。「どの業界にいてもお前にしかできないことがある」と話してくれたことは、今でも人生の励みになっています。また、独身だった私をよくお宅に誘ってくれ、自慢の奥様の手料理をごちそうしてくれました。良き夫、良き父として、家庭人としても理想の人でした。

森下さん、これまでのように、大切なご家族をいつまでも見守ってあげてください。ご冥福をお祈りし、私からのあいさつに代えさせていただきます。ありがとうございました。

招かれたことへのお礼

今の心境や故人との思い出

結びの言葉

実例4
追悼会

追悼会でのあいさつ（追悼会）

話し手
教頭

故人
職員

私は、西条高校で教頭をしております花田と申します。本日は、奥園先生の追悼《ついとう》会ということで、懐かしい顔がそろいました。

奥園先生とは二十年ほど前から亡くなる直前まで、同じ学校の教壇に立っておりました。先生は、ご専門の英語教育に対して非常に熱心な方でありました。「学校英語だけでは使い物にならない」というのが口癖で、授業のたびに自作の教材を使い、生徒たちの学ぶ意欲をたくみに引き出す教え方は、ほかの先生方のよい刺激となっておりました。

生徒がヘッドホンで聴いていた音楽が洋楽だと知ると、その歌の歌詞を教材にして授業を始めたということもありました。

思い出を語っておりますと「生きた英語は楽しいんだ」と、生徒たちに熱く語っていた奥園先生の姿が目に浮かびます。

本日は、ご出席の関係者の皆様、教え子の皆様とともに、奥園先生の思い出を大いに語り合い、追悼の念を深めたいと存じます。ありがとうございました。

今の心境や故人との思い出

結びの言葉

葬儀・法要に必要な手紙

喪家側

葬儀案内状

弊社　代表取締役会長松坂弘之儀　去る十月二十五日未明　心筋梗塞のため急逝いたしました　享年七十二歳でした
ここに　生前よりのご厚誼に深く感謝いたしますとともに　謹んでご通知申し上げます
弊社社葬として葬儀告別式を左記のとおり執り行います

記

日時　十一月一日
葬儀　午後一時より
告別式　午後二時より
場所　○○斎場　東京都港区○○
電話　○三－○○○○－○○○○

○年十月二十六日

東京都千代田区岩本町○－○－○
松坂商事株式会社
葬儀委員長　代表取締役社長　宮内　義雄
喪主　富田　淳二

- 社葬などで、死去から葬儀までの日程に間がある場合に用意することがある。
- 句読点は省く。
- 喪主と葬儀委員長は区別する。

喪家側

死亡通知状

父剛史儀　昨年秋より入院加療中のところ　薬石効なく　去る
四月三日　肺がんのため永眠いたしました　享年七十六歳でした
病床では「桜の頃に逝きたい」と話しておりましたので　幸
せな最期だったと思っていますが　やはり身内としては無念の情
を禁じえません
日頃から　ひとかたならぬご厚誼を賜りまして　心より感謝申
し上げます
なお　葬儀は近親者のみで四月六日滞りなく相済ませました
略式ながら書面をもってご通知申し上げます

○年四月十日

森山　譲

●葬儀に呼ばなかった人に出すもの。
●手書きの場合、形式にきまりはないが、時候のあいさつは不要。
●句読点は省く。

喪家側の手紙

葬儀社などが印刷したものを手配してくれますが、故人の友人などへ生前の感謝を伝える際などは、手書きで書くと気持ちが伝わります。

喪家側

会葬礼状（仏式・神式）

亡妻美貴の葬儀および告別式に際しましては　ご多用中にもかかわらず　ご会葬いただきまして　誠にありがとうございました
そのうえ　ご丁重なご芳志を賜りまして　厚く御礼申し上げます
本来ならば参上して　御礼申し上げるところですが　略儀ながら書状をもって　謹んでごあいさつ申し上げます

○年八月二十四日

東京都世田谷区下馬○－○－○
喪主　中原　尚
外　親戚一同

- 時候のあいさつ、句読点は省く。
- 葬儀をとり仕切る葬儀社に手配を依頼することが多い。

喪家側

香典返し（忌明け）のあいさつ状

粛啓　陽春の候　ますますご清祥のこととお喜び申し上げます
先般　亡父悠介儀の葬儀に際しまして　ご多用中にもかかわらず
ご参列いただきましたうえ　ご懇篤なるご供物など賜り　誠にあ
りがたく厚くお礼申し上げます
おかげさまで　本日
○○院○○○○居士（戒名を入れる）
七七日忌法要を営みましたので　供養のしるしまでに心ばかりの
品を送らせていただきました
何とぞご受納くださいますようお願いいいたします
まずは　略儀失礼ながら書中にて　謹んでごあいさつ申し上げます
敬具
○年四月
大森　康弘

- 忌明けしてから、香典返しの品物と一緒に送ることが多い。
- 句読点は省く。
- 戒名は改行して、行頭から書く。
- 「ご芳志」は「ご厚志」にしてもよい。

喪家側

年賀欠礼状

亡夫の喪中につき
新年のご挨拶をご遠慮させていただきます
本年中に賜りましたご厚情に深く感謝いたしますと共に
来年も変わらぬご厚誼のほどよろしくお願い申し上げます

○年十二月

〒153－00××
東京都目黒区中目黒○丁目○－○
鈴木　香織

●句読点は省く。
●葬儀を仕切ってくれた葬儀社が用意していたり、年賀状の印刷サービスを行っているところで、注文することができる。
●11月中旬から遅くとも12月初旬までには届くようにする。

喪家側

法要案内状（仏式）

謹啓　初夏の候　皆様におかれましては　ご清栄にお過ごしのことと存じます
さて　来る七月十五日は　亡母の一周忌にあたります　つきましては左記の通り心ばかりの法要を営み　亡母の霊を慰めたいと存じます
皆様にはご多用中のところ　まことに恐縮でございますが　何卒ご焼香をいただきたくご案内申し上げます
なお　当日は法要のあと　寺内にて粗餐を設けておりますので　お手数ですが同封のはがきにて七月一日までにご都合をお知らせくださいますようお願い申し上げます
謹白

記

日時：○年七月十五日（土）　午前十一時より
場所：正本寺（神奈川県横浜市桜木町○－○－○）

○年六月十五日

施主　佐藤　清

- 句読点は省く。
- 差出人は「喪主」ではなく「施主」とする。
- 食事の用意について明記する。
- 必要であれば場所の案内図を同封する。

付録

葬儀・法要に必要な手紙

喪家側

法要案内状（神式）

拝啓　寒さもひとしお身にしみる頃となりましたが　皆様はいかがお過ごしでしょうか
さて　兄大輔がみまかりまして　まもなく丸二年の歳月が流れようとしております　つきましては　亡兄にゆかりの方々をお招きして　三年祭を営みたく存じます
命日は一月二十六日でございますが　一月三十日（日）午前十時より自宅にて執り行います　なにとぞご参席賜りたく　お願い申し上げます
霊祭のあと　別席にて粗餐の用意をいたしましたので　兄の思い出話などお聞かせいただければ　幸いです
なお　当日は平服にてお出かけください

敬具

○年十二月二十日

三原　伸哉

- 句読点は省く。
- 服装について明記するとよい。
- 必要であれば場所の案内図を同封する。

喪家側

追悼会案内状

向寒の候、いよいよご清祥のことと存じます。

さて来る十二月二十一日は、山田峰作先生がお亡くなりになられてから十年の節目にあたります。つきましては、門下生一同相集まりまして、在りし日の先生を偲びながら、左記の通り追悼会を催すこととなりました。

当日は先生の墓前にお参りした後、場所を移して追悼会を行います。先生のご遺族もご出席されますので、ぜひ多数ご参会くださいますようご案内申し上げます。

なお準備の都合上、同封のはがきにて折り返し出欠のご返事をお願いいたします。

記

日付：十二月二十一日（土）

場所：午後三時より　○○寺（品川区小山○丁目○－○）

　　　午後六時より　○○ホール（品川区西五反田○丁目○－○）

会費：五千円

○年十一月十日

発起人　佐々木　樹

- 追悼会は「主催者」もしくは「発起人」名で案内する。
- 別に幹事がいる場合は、それらも明記する。
- 必要であれば場所の案内図を同封する。

弔問側

お悔やみ状（仏式）

ご主人のご悲報に接し、心よりお悔やみ申し上げます。

先日お電話でお話した際、他愛のない会話を楽しんだばかりでしたのに、それが最期となってしまったのが、今は信じがたく、また寂しい気持ちでおります。

いつも気丈でいらしたご主人様をなくされ、さぞお力を落とされていることでしょう。お慰めの言葉もみつかりません。皆様方のご悲嘆、いかばかりかとお察しいたしますが、お心を強くもたれ、お体を大事になさってください。

あいにく私は遠くにおりましてお焼香もできないことを、大変心苦しく思っております。心ばかりのご香料を別送いたしました。御霊前にお供えいただければと存じます。

謹んでご冥福をお祈り申し上げます。

合掌

○年三月十二日

堀野　恵子

- 弔問できない場合に出す。香典を送る際の添え状として送る場合が多い。
- 頭語、時候のあいさつは省く。
- 結語の「合掌」は仏教用語。「早々」などは用いない。
- 忌明け後に出すときは、「御霊前」を「ご仏前」にする。

弔問側

お悔やみ状（神式）

お父上のご永眠の報に接し、衷心より哀悼の意を表します。ご健康を害され、入院されていたことは、かねてより伺っておりましたが、これほど急に旅立たれるとは想像もしておりませんでした。

ずっとお世話をしてこられた貴君のご看護に満足されての、安らかな最期であったのではないかと察しております。

親との別れはつらいものですが、今もきっと貴君を見守っていらっしゃることと思います。どうかお気持ちを強く持って、ご自愛ください。

なお、些少ではございますが、御玉串料を同封させていただきました。御霊前にお供えください。

書状にてお悔やみ申し上げます。

敬具

○年五月九日

桜井　悠司

●弔問できない場合に出す。香典を送る際の添え状として送る場合が多い。

●「香料」は仏教用語なので用いない。「御玉串料」と「御榊料」する。

弔問側の手紙

お悔やみ状は、香典を郵便などで送る際にも添えられます。遺族の気持ちを察し、おおげさに嘆き悲しむような内容にならないよう気をつけましょう。

弔問側

お悔やみ状（キリスト教式）

ご子息の紀之さんが交通事故で急逝されたとのこと、目もくらむ思いで悲報に接しました。

大切に育てられたお子様に先立たれ、ご両親の悲しみは、たとえようもないこととお察しします。

今は、お慰めする言葉もございませんが、お力になれることがございましたら、何なりとお申しつけください。

どうぞ久美子様もお嘆きのあまりお体を崩されないよう、切にご自愛願い上げます。

いまは、紀之さんの安らかなご召天をお祈りするばかりです。

かしこ

○年六月三十日

西脇　里奈

- 「冥福」は仏教用語なので用いない。
- 親しい間柄でもくだけた表現は避ける。
- 香典を送る際の添え状にするときは、「香典」とはせずにプロテスタントの場合は「お花料」、カトリックの場合は「御ミサ料」とする。

弔問側

法要案内の返信

ご出席

ご欠席

せっかくのご案内ですが、当日はやむを得ない事情で、欠席させていただきます。たいへん申し訳ありませんが、後日、お参りさせていただきたいと存じます。

ご住所　東京都江東区東陽○-○-○

ご芳名　二宮　健一郎

●「ご」や「芳」は二重線で消す。
●欠席の場合は、理由を書き添える。欠席の理由が慶事などの場合は、にごして書く。

●デザイン——山田素子、齋藤桃子（スタジオダンク）
●DTP——明昌堂
●イラスト——宮重千穂
●執筆協力——ブライトスター・プランニング　鈴木志奈子
●編集協力——ブライズヘッド（倉本由美）

※本書は、当社ロングセラー『葬儀・法要のあいさつ実例集』（2007年2月発行）を再編集し、書名・判型・価格等を変更したものです。

そのまま使《つか》える
葬儀《そうぎ》・法要《ほうよう》あいさつ実例集《じつれいしゅう》

●著　者——河野 成美 [かわの しげみ]
●発行者——若松 和紀
●発行所——株式会社西東社《せいとうしゃ》
〒113-0034 東京都文京区湯島2-3-13
https://www.seitosha.co.jp/
電話　03-5800-3120（代）

ISBN978-4-7916-2465-2